Glückstag NEUES BUCH
SICH FINDEN Wegweiser zum individuellen
Glück
Gudrun Leyendecker

AF221072

1. Auflage 2021
Copyright © Gudrun Leyendecker
Alle Rechte vorbehalten

Lektorat: Friederike Ramin

Biografische Information der deutschen Nationalbibliothek: Die Deutsche Nationalbibliothek verzeichnet diese Publikation in der Deutschen Nationalbibliografie; detaillierte biografische Daten sind im Internet über http://dnb.dnb.de abrufbar.
Herstellung und Verlag: BoD – Books on Demand, Norderstedt. ISBN: 9 783 752 6840 49

SICH FINDEN

Wegweiser zum individuellen Glück

Kleiner Ratgeber

Gudrun Leyendecker

Glück ist etwas Individuelles

Die Theorie dieses Büchleins basiert darauf, dass jeder Mensch nicht nur individuelle Vorstellungen vom Glück entwickelt, sondern auch individuelle Veranlagungen, insbesondere im Bereich der Mentalität, des Temperaments und des Gemüts besitzt.

Jeder Mensch hat eine andere Veranlagung, die er in sich selbst entdecken kann. Mit der Entdeckung der eigenen Potenziale findet man die Möglichkeit, sich ausgeglichener und gesünder zu erhalten und sein Leben sinnvoll zu gestalten.

Manche Menschen finden ihre Glücksmomente in einer Aktivität, andere wiederum in einem Ruhezustand.

Daher ist es sinnvoll, die eigenen Potenziale zu entdecken, und sie entsprechend zu nutzen, gewissermaßen etwas in Fluss zu bringen.

Viele Menschen versuchen, andere Menschen zu kopieren, dadurch ein anderer, ein angeblich glücklicherer Mensch zu werden. Mit diesem Bestreben kann man unter Umständen seine eigenen Potenziale blockieren.

Finde und nutze deine eigenen Möglichkeiten, damit dir deine Veranlagung zum Geschenk wird.

Inhaltsverzeichnis

*

Einleitung

Hier aufgeführt sind 4 Grundtypen verschiedener Veranlagungen,
ein jeder Typ ist noch einmal näher beschrieben mit Untertypen A, B und C

Es gibt keinen Menschen auf der Welt, der lediglich einen Typen verkörpert. Jeder Mensch ist ein Mischtyp, aber die Mischungsverhältnisse sind sehr unterschiedlich und daher fundamental wichtig für die Selbstfindung.

Oft wechseln wir auch in den einzelnen Lebensphasen und Lebenssituationen, dennoch ist es wichtig, immer wieder zu seinen Grundpotenzialen zu finden, um den roten Faden unserer Sinnfindung nicht zu verlieren.

Dafür ist es wichtig, dass wir uns immer wieder ausprobieren, so wie man es auch für den Körper in Form einer Routineuntersuchung veranlasst.

Um Seele, Geist, Körper und Psyche gesund zu erhalten, lohnt es sich, ein wenig zu experimentieren und sich weiterführende Gedanken zu machen.

In den nachfolgenden Beschreibungen der Typen kannst du dich an der einen oder anderen Stelle wiederfinden. Sag Ja zu Deinem Typ! Sagt Ja zu deinen Veranlagungen und nutze sie in positiver Weise!

*

Typ 1 Der aktive Mensch und seine Temperamente

UNTERTYP A Aktivität macht Spaß

Emily steigt hinab in den Keller und öffnet die Tür zur Werkstatt.

„Kannst du nicht endlich aufhören?!" mahnt sie ihren Mann. „Geich kommt der Krimi im Fernsehen."

Jan hobelt die neue Gartenbank „Ich komme später. Das ist hier sehr wichtig", behauptet er.

„Aber das hat doch noch Zeit", entgegnet sie. „Du warst heute schon etliche Stunden unterwegs. Irgendwann musst du noch einmal zur Ruhe kommen. Hattest du heute nicht schon genug Betrieb?"

Jan ist bei einer Versicherungsagentur eingestellt, die Klienten gehen aus und ein.

Seine Arbeit spielt sich hauptsächlich im Kopf ab.

„Das ist etwas anderes", behauptet er. „Zum Ausgleich brauche ich etwas Bewegung."

„Ich glaube, du bist ein Workaholic", wirft sie ihm vor. „Hast du dich schon einmal gefragt, woher das kommt?"

Er legt den Hobel beiseite. „Wie meinst du das?"

„Es sieht mir fast so aus, als wärst du süchtig nach Arbeit."

„Unsinn!" schimpft er. „Es macht mir Spaß zu arbeiten."

Emily bohrt weiter. „Hast du dich schon einmal gefragt, woher das kommt?"

Er sieht sie irritiert an. „Und wie meinst du das schon wieder?"

„Möglicherweise stammt das noch aus deiner Kindheit", vermutet sie. „Kannst du dich da noch erinnern, wie es bei deinen Eltern zuging?"

„Ich kann mich noch an manche Dinge gut erinnern. Meine Eltern waren sehr nett zu mir."

„Waren sie vielleicht besonders nett zu dir, wenn du eine gute Leistung gebracht hast? Dann musstest du dir nämlich die Elternliebe gewissermaßen erarbeiten. Das könnte der Grund sein, warum du jetzt ständig in Action bist."

Jan überlegt. „Nein, so war das nicht. Meine Eltern waren auch nett zu mir, wenn ich ab und zu einmal gefaulenzt habe. Sie hatten auch für solche Phasen mal Verständnis."

„Dann weiß ich auch nicht mehr weiter", meint Emily betrübt. „Dann weiß ich auch nicht, warum du ständig unter Hochdruck stehst."

„So fühle ich mich nicht", versucht er ihr klarzumachen. „Es macht mir wirklich Freude, hier abends noch etwas zu basteln. Fernsehen können wir dann auch noch später."

„Und du bist sicher, dass du dir hier nicht nur irgend einen Stress abarbeitest?"

„Das kommt sicherlich noch mit hinzu, Emily. Wenn ich mich hier bewege, kann ich auch noch den einen oder anderen Ärger gleich mit abarbeiten. Wenn ich hier so werkele, fühle ich mich total ausgeglichen. Ich dachte, dir ginge es bei deiner Arbeit genauso?"

Sie schüttelt den Kopf. „Wenn ich den Tagesstress hinter mir habe, möchte ich mich nur noch berieseln lassen, von irgendetwas, das meine Gedanken ablenkt."

Emily und Jan sind sehr verschieden. Der Ehemann hat eine positive Erziehung genossen, die ihm schon früh die Möglichkeit gab, auszuprobieren, was gut für ihn ist. Aktivität macht ihm Spaß, Aktivität gibt ihm Ausgeglichenheit. Seine Arbeit mit den Klienten befriedigt ihn tagsüber, auch wenn es, wie in jedem Beruf, ab und zu einmal Probleme gibt. Zum Ausgleich beschäftigt er sich mit Handwerks-Arbeiten, die ihm die Gelegenheit geben, körperlich aktiv zu sein und sich gedanklich auf alternative Bereiche anzustellen. Emily und Jan sind ein Paar, das viel miteinander redet, so können Missverständnisse beizeiten geklärt werden. Sie können lernen, ihre Gegensätzlichkeit zu tolerieren.

*

Helga und Peter sind beide berufstätig. Sie arbeiten in Ganztagsjobs im Büro.

Vor der Arbeit gehen sie gemeinsam joggen. Am Wochenende freuen sie sich auf Wanderungen und Treffen mit Freunden.

Luise ist Helgas beste Freundin und hat kein Verständnis für diese Betriebsamkeit. „Das wird euch bestimmt auf Dauer nicht gut tun, dass ihr so ständig auf Achse seid", vermutet sie. „Ihr findet doch überhaupt nicht mal zu etwas Ruhe. Vor wem oder was lauft ihr denn eigentlich ständig davon?"

„Wir haben das alles ausprobiert", gesteht ihr Helga. „Wir brauchen die Bewegung in jeder Form. Das mussten wir allerdings für uns herausfinden. Als wir immer nur zu Hause hockten und uns wenig bewegt haben, fühlten wir uns sehr unzufrieden, und Peter wurde sogar krank.

Irgendjemand hatte ihm wohl einmal gesagt, er solle sich von Stress fernhalten, der sei ungesund für ihn. Aber dann haben wir herausgefunden, dass es für ihn ein gesundes Maß an Stress gibt, der seine Gesundheit fördert. Inzwischen haben wir am Wochenende Spaß an ausgedehnten Wanderungen, selbst wenn wir danach oft richtig müde sind. Jedenfalls macht es uns glücklich."

Luise überlegt. „Ja, von diesen Glückshormonen habe ich auch schon einmal gehört. Da werden wohl einige auch beim Laufen freigesetzt. Aber für mich ist das nichts. Ein ausgiebiges Bad in der Wanne entspannt mich weitaus mehr. Zum Glück habe ich momentan keinen festen Partner, der mich aus dem Badezimmer locken will. Das ist mein Weg zum Wohlfühlen, ein Sprudelbad mit Musik, beim Kerzenlicht, und vielleicht noch ein Glas Sekt oder Wein dazu. Habt ihr das denn auch schon ausprobiert?"

„Natürlich genieße ich auch ein entspannendes Bad", gibt Helga zu. „Aber es kann mir die Bewegung nicht ersetzen. Die brauche ich zum Entspannen. Glücklicherweise haben da Peter und ich ähnliche Bedürfnisse."

Helga und Peter haben ein ähnliches, aktives Temperament, sie fühlen sich wohl in den verschiedenen Formen von Bewegung und Interaktionen mit Freunden. Wichtig ist es auch hierbei, dass sie zu ihren sitzenden Tätigkeiten im Beruf in ihrer Freizeit auf Ausgleich achten.

*

Oliver war früher im Außendienst tätig, inzwischen hat man ihn aufgrund seines Alters in den Innendienst versetzt. Die Arbeit ermüdet ihn, obwohl sie ihn körperlich nicht belastet. Am Abend fühlt er sich geschafft und spürt keinen Antrieb, keine Initiative, einen Nebenjob anzunehmen und auch keinem Hobby nachzugehen. Er verbringt die Abende am Fernseher, wird schließlich unzufrieden und krank.

Seine Partnerschaft leidet ebenfalls darunter, obwohl seine Frau, Alicia, alle erdenklichen Versuche unternimmt, für ihren Mann einen Ausweg zu finden.

Sie findet bei ihrem Partner kein Gehör, was in vielen Partnerschaften keine Seltenheit ist. Oliver möchte sich vor seiner Frau nicht bloßstellen, seine vermeintlichen Schwachstellen nicht zeigen. Erst als Oliver nach einer schweren Erkrankung zur Kur fährt, gelingt es den Ärzten und Psychotherapeuten, ihm Alternativen für sein Leben anzubieten.

Er findet Spaß am Fahrradfahren, weite Strecken legen er und seine Frau mit einem Elektrofahrrad zurück. Nach und nach bessert sich seine gesamte Gesundheit, er spürt wieder Lebensfreude.

*

Nina arbeitet ganztags im Büro. An manchen Abenden genießt sie die Entspannung auf dem Sofa. Doch in der restlichen Freizeit ist sie sportlich aktiv, füllt die Abendstunden mit Schwimmen, Joggen, Bowling und gemeinsamen Unternehmungen im Wanderverein.

Eine Kollegin spöttelt: „So leben wie du, das könnte ich nicht. Du bist eine richtige Betriebsnudel, immer auf Achse. Ich verbringe meine Abende mit einem guten Buch, auf der Couch oder im Bett. Da kann ich so richtig entspannen. Aber ständig unterwegs sein, das ist doch furchtbarer Stress!"

Nina hat ein aktiveres Temperament. Zum Ausgleich für den Bürojob benötigt sie viel Bewegung und Abwechslung. „Du bist eben anders", entgegnet sie der Arbeitskollegin. „Ich habe auch einige Jahre dazu gebraucht, um die richtige Mischung für mich zu finden. Es ist auch nicht jeder Sport für mich geeignet, ich habe es einfach getestet. Und das, was mir gut tut, habe ich beibehalten.

*

Fazit

Jan, Helga und Peter, Oliver und Nina benötigen zu ihrer Ausgeglichenheit stärkere körperliche Betätigung.

Durch Unzufriedenheit und Unausgeglichenheit, sowohl durch Zeichen von Krankheit konnten sie entdecken, dass ihnen ein Leben ohne körperliche Betätigung nicht gut tut.

Ihr bewegliches Temperament braucht häufig die Bewegung des Körpers.

Für den Idealfall suchen sich aktivere Menschen ihr Betätigungsfeld im Hauptberuf ebenfalls in einem Bereich, in dem sie ihr Temperament ausleben können. Doch dieses Glück ist nicht jedem gegeben, da die Mehrheit der Menschen mit einem Beruf vorlieb nehmen muss, der nur die notwendigsten Bedürfnisse der Potenziale deckt.

Für die aktiven Menschen ist es daher wichtig, die Freizeit dementsprechend zu gestalten, selbst wenn es anfangs etwas Überwindung kostet, neue Wege einzuschlagen.

UNTERTTYP B Ich brenne für eine große Sache

Verena ist Chefsekretärin in einer großen Firma, sie trägt viel Verantwortung und ist die rechte Hand des Chefs. Damit hat sie nicht nur tagsüber viele Stunden zu tun, sondern investiert viel Freizeit in organisatorische Aufgaben für ihren Arbeitgeber. Verena liebt ihre Arbeit und nimmt ihren Job sehr wichtig. Beim Chef und den übrigen Mitarbeitern ist sie beliebt. Boris, ihr Mann, arbeitet freiberuflich zu Hause und versorgt nebenbei den Haushalt. Er kümmert sich um alle anderen Angelegenheiten des gemeinsamen Privatlebens.

Oft geht das Paar abends gemeinsam eine Runde im Park spazieren, ab und zu gehen sie aus, zum Essen oder in ein Konzert. Die

Urlaube genießen sie gemeinsam in den Bergen.

Verenas beste Freundin, Lorena wundert sich. „Ich weiß nicht, wie das alles bei dir so klappt", gibt die junge Lehrerin zu bedenken. „Das könnte ich mit meinem Mann nicht machen. Der würde sich als Hausmann regelrecht degradiert fühlen. Und dann nimmt er dir auch noch jedes kleine bisschen zu Hause ab, damit du dem großen Boss alles recht machen kannst. Das macht dein Mann bestimmt nicht immer weiter so mit. Du kannst mir doch nicht erzählen, dass ihm das so Spaß macht!"

„Wir haben das für uns erprobt", eröffnet ihr Verena. „Ich habe wirklich meinen Traumjob gefunden. Er erfüllt mich ganz, und ich finde das fantastisch, dass ich mich in meinem Beruf so ausleben kann. Ich brenne für die Firma, die mein Chef vertritt.

Ich stehe voll und ganz hinter der Sache, und das kommt natürlich auch der Firma zugute. Ich liebe es auch, Verantwortung zu tragen und bei Entscheidungen mitzuhelfen, für die ich kompetent bin. Mein Mann dagegen hat einen eigenen Biorhythmus. Er teilt sich gern seine Arbeit tagsüber so ein, wie es in der Natur seiner Kräfte steht. Er liebt es, ab und zu einmal vom Computerstuhl aufzustehen und dazwischen einmal den Rasen zu mähen oder die Küche zu putzen. Das unterbricht auch ab und zu seine Arbeit, die von Zeit zu Zeit mal etwas eintönig ist. Er kocht gern und ist ein ausgesprochen praktischer Mensch. Den Haushalt macht er mit links, und er tut es gern. Als er früher noch unter einem fremden Boss arbeitete, fand er wenig Freude daran, sich von einem anderen kommandieren zu lassen. Jetzt ist er zu Hause sein eigener Herr. Vor allen Dingen aber versteht er, wie wichtig mir meine Arbeit ist."

Die Freundin zieht die Augenbrauen hoch. „Wenn du das sagst! Ich kann mir so etwas nicht vorstellen. Aber du musst ja wissen, was du tust. Wer gibt denn jetzt deinem Mann das Gefühl, etwas Wichtiges zu leisten?"

Verena lächelt. „Natürlich lobe ich meinen Mann für alle seine Arbeiten, jeder Mensch sollte gelobt werden. Aber er hat auch Erfolg in seinem Beruf, auch da holt er sich Zufriedenheit."

„Na ja. Vielleicht nimmst du doch deine Arbeit ein bisschen zu wichtig. Kein Mensch ist unersetzbar."

„Natürlich nicht", gibt Verena zu. „Aber solange ich für meine Arbeit brenne, bin ich gut für meine Firma. Und wenn ich mich gut fühle, kann ich auch viel leisten. Es macht mir Freude, und auch wenn es in deinen Ohren vielleicht jetzt überheblich und egoistisch klingt, ich höre auf meine innere Stimme, die mir sagt, dass ich auch das tun soll, was mir gut tut, solange ich keinem anderen schade."

Die Freundin grinst. „An Selbstbewusstsein mangelt es dir jedenfalls nicht."

*

Kerstin wurde zur Klassensprecherin gewählt. Silke spricht sie auf dem Schulhof an. „Na, jetzt hast du erreicht was du willst. Jetzt kannst du dich so richtig profilieren. Es gibt eben immer wieder Personen, die besonders beachtet werden wollen, sich in den Vordergrund spielen müssen."

Kerstin schüttelte den Kopf. „Du spinnst doch. Darum geht es mir doch gar nicht. Es gibt eben Menschen die gern im Hintergrund bleiben wollen und sich freuen, wenn sie selbst nichts zu tun brauchen. Und davon gibt es eine ganze Menge. Aber ich bin ein Mensch, der sich auch gern einmal einmischt, wenn es darum geht, um etwas Wichtiges zu kämpfen. Und ich stehe auch für meine Meinung gerade, und vertrete eben auch gern das Recht der anderen."

„Ach Unsinn!" widerspricht Silke. „Das ist doch nur Wichtigtuerei. Jeder kann doch selbst den Mund aufmachen, wenn er etwas zu sagen hat."

„Viele wagen sich das aber nicht, sondern wünschen sich jemanden, der für sie spricht. Und mich interessiert eben, was andere denken und meinen, und das werde ich auch an anderer Stelle vorzutragen wissen, wenn es zum Beispiel darum geht, eine vernünftige Neuerung durchzusetzen."

„Du willst dich nur lieb Kind machen, bei den Mitschülern und natürlich auch bei den Lehrern. Vielleicht möchtest du sogar dadurch bessere Noten bekommen", unterstellt ihr die Mitschülerin.

„Vielleicht bist du auch nur neidisch, weil du dich selbst nicht getraut hast, dich für diesen Posten zu bewerben. Ich brenne eben dafür, etwas Wichtiges zu tun. Und ich weiß schon, dass das auch seine Nachteile hat. Die Verantwortung bleibt auf mir sitzen, auch wenn ich etwas falsch mache. Und ich kann es auch nicht jedem recht machen. Auch die, die meckern, die wird es immer wieder geben. Aber trotzdem tue ich dann lieber etwas, anstatt einfach nur abzuwarten."

„Pah", macht Silke. „Du wirst schon sehen, was du davon hast. Dankbarkeit kannst du jedenfalls nichts erwarten, im Gegenteil.

Wenn man sich einmischt, ist das meist eine undankbare Sache."

„Manchmal vielleicht. Aber darum geht es auch nicht. Ich selbst bin nur zufrieden, wenn ich mich eingemischt und alles versucht habe."

*

Leo ist Schreiner und in einer großen Firma beschäftigt. Seit langer Zeit unterhält er sich mit seiner Frau Vera uns überlegt, ob er sich selbstständig machen soll.

Letztes Wochenende ist er zu einem Entschluss gekommen. „Jetzt habe ich es mir wirklich lange genug überlegt. Die Würfel sind gefallen. Ich werde den Schritt zur Selbstständigkeit wagen."

Vera nickt. „Wir haben ja schon monatelang das Für und das Wider diskutiert, wir wissen genau, was wir zu beachten haben, und dein Businessplan steht. Aber verrate mir doch jetzt einmal, was dich nun endgültig zu diesem Entschluss geführt hat!"

„Ganz abgesehen davon, dass du mir sehr in der Überbrückungszeit durch deine Arbeit und deinen Verdienst als Beamtin hilfst, ist es mir nun ganz klar geworden, dass ich meine eigenen Ideen nur dann verwirklichen kann, wenn mir niemand meine kreativen Flügel beschneidet. Der Druck von oben hat mich tatsächlich immer sehr belastet. Alle meine guten Ideen waren nichts in den Augen meines Chefs, und das liegt einfach daran, dass er einen anderen Geschmack hat. Ich bin ganz sicher, dass ich eine neue Linie zeigen kann, die geschmacklich im Trend liegt. Ich fühle es, dass meine Kreativität wachsen wird, wenn mir niemand mehr etwas vorschreibt."

„Und ich glaube an dich und deine Ideen", stimmt ihm seine Frau zu. „Das, was du bis jetzt geschaffen hast, hat vielen Menschen gefallen. Und ich kann gut verstehen, dass dich dein Boss demotiviert hat mit seiner Kritik und seiner Unkerei. Natürlich war es gut, dass du das Ganze nicht einfach so ins Blaue hinein gestartet hast, sondern dich erst ausreichend überall

informiert hast, um deine Ideen nicht in den Sand zu setzen. Aber es gehört doch auch Mut dazu, zu deinem Entschluss, nicht wahr?"

„Ja, Mut gehört dazu, wenn man allein etwas erreichen möchte. Aber ich glaube eben an die Sache, ich fühle einfach, dass sie wichtig ist. Deswegen wage ich auch den Schritt in die Selbstständigkeit."   *

Die frisch gepflanzten Bäume in der Gemeinschaftsanlage sind alle eingegangen. Die Eigentümer der Wohnungen des Mehrfamilienhauses haben eine Versammlung abgehalten und diskutiert, wie man weiter vorgehen kann. Lars hat sich angeboten, die Sache in die Hand zu nehmen. Ellen ärgert sich über ihren Mann. „Musst du dich denn überall mit einmischen?!" schimpft sie. „Warum musst du dich denn jetzt zum Anführer aufspielen? Lass das doch lieber die anderen machen. Die holen sich nachher auch den Ärger ein."

Lars schüttelt den Kopf. „Wieso verstehst du das denn nicht, mein Schatz? Es geht um die gemeinsame Gartenanlage, da bin ich als Gartenarchitekt doch nun wirklich kompetent. Deshalb fühle ich mich auch verpflichtet, die Sache für alle in die Hand zu nehmen. Ich glaube nicht, dass die anderen mit so vielen guten Argumenten aufwarten können."

„Warum musst du die Arbeit für die anderen mitmachen? Soll doch jeder für sein eigenes Recht kämpfen. Ich sehe nicht ein, dass du dich noch für andere anstrengen musst. Und wenn es nachher nicht klappt, bist du der Dumme."

Er lächelt. „Das ist einfach so auf der Welt, Schatz! Es gibt immer ganz viele Menschen, die sich lieber bedeckt halten und einmal abwarten, was die anderen tun. Und dann gibt es die, die spüren und wissen, was zu tun ist, und die dann auch den Mut haben, die Verantwortung zu übernehmen, selbst wenn man sich damit nicht nur Freunde macht. Denn ich weiß genau, was zu tun ist, damit man uns die Bäume wieder ersetzt. Und dafür werde ich auch sorgen."

„In der Zeit solltest du lieber etwas für dich tun! Gönn dir doch mal lieber etwas Ruhe, anstatt dich da schon wieder für andere zu echauffieren!"

Er lächelt noch immer. „Ich brauche nicht so viel Ruhe wie viele andere Menschen. Es macht mir Freude, mich da einzusetzen, wo Not am Mann ist."

„Du musst es ja wissen, was dir am besten bekommt. Ich hoffe, du hast recht!"

*

Fazit

Verena, Kerstin, Leo und Lars besitzen im Inneren ein feuriges Temperament. sie können für ihre Entschlüsse, Wünsche und Vorhaben brennen. Sie haben Mut und besitzen ein Verantwortungsgefühl, haben keine Angst vor Rückschlägen oder Niederlagen. Sie fürchten sich nicht vor negativen Aussagen der Mitmenschen.

Sie haben Vertrauen zu sich selbst und ihrer Arbeit und scheuen sich nicht, Dinge selbst in die Hand zu nehmen. Selbstständiges Handeln macht diesen Menschentyp häufig glücklich.

Nicht jedem Menschen ist es gegeben, einen geeigneten Posten zu finden, schon gar nicht in einer führenden Position.

Daher ist es wichtig, dass sich dieser Menschentyp im Privatleben eine Betätigung sucht, in der er Verantwortung übernehmen kann. Hierfür eignen sich insbesondere auch ehrenamtliche Tätigkeiten und Hilfsprojekte. Für Frauen und Männer gibt es zusätzlich Möglichkeiten, sich als Trainer oder Seminarleiter anzubieten.

*

UNTERTYP C Das Leben ist ein Abenteuer

Rike arbeitet in einer sozialen Einrichtung. In ihrer Freizeit besucht sie häufig gemeinsam mit einer Freundin Seminare, um sich in verschiedene Richtungen weiterzubilden. Sie lernt diverse Sprachen und reist, so oft es ihr der Geldbeutel erlaubt, in der Welt umher, um Land und Leute, um die Kulturen der verschiedenen Länder kennenzulernen.

Eine Kollegin meckert daran herum. „Wie du dein Geld immer herausschmeißt! Diese ganzen teuren Seminare! So viel verdienst du doch gar nicht. Und die weiten Reisen! Hast du nicht neulich erst diese teure Reise in den Süden unternommen? Mit dem Geld, was du da zum Fenster herausschmeißt, hättest du dir längst eine Eigentumswohnung anzahlen können. Ein richtig gemütliches Zuhause. Davon hast du doch auf Dauer mehr als von dem ungemütlichen Hin- und Herreisen."

„Ich glaube, das kannst du nicht verstehen, liebe Anke. Für mich ist das ganze Leben wie eine Reise, ich lerne immer wieder etwas dazu. Die Seminare geben mir sehr viel, sie sind sehr aufschlussreich, und ich bilde mich damit weiter. Und die Reisen werde ich mein ganzes Leben lang im Gedächtnis behalten. Was man da alles sieht und lernt und erfährt, dass alles ist unbezahlbar."

„Aber das Geld ist doch dann weg. So eine Wohnung, die hast du dagegen für immer. Das ist eine gute Geldanlage. Wenn du auf Reisen bist, hast du schnell alles ausgegeben, und es bleiben dir nur ein paar Erinnerungsfotos."

„Nein, so ist das nicht. Wenn ich reise, dann lebe ich auf. Es ist eine Freude für Seele und Geist, für mein Gemüt, und ich fühle mich dann immer ganz glücklich. Während der Arbeit freue ich mich immer schon drauf. Reisen, dass ist Entspannung und Erholung, aber auch ein richtiges Lebenselixier für mich."

„Na ja, vielleicht ist es Geschmackssache. Für dich mag das vielleicht wirklich so sein, aber vorstellen kann ich es mir nicht. Mir wäre das Geld dafür zu schade."

„Leider kannst du das nicht verstehen, Anke. Die Erlebnisse der Reisen, alles das, was ich gesehen und gehört und gefühlt habe, das kann mir niemand mehr nehmen. Das ist mehr bleibender Besitz in mir, schöner als eine Wohnung."

*

Gerd war früher Fernfahrer in einer großen Firma. Er lenkte die großen LKWs quer durch Europa und fühlte sich wohl dabei, während seine Frau im Büro bei einer Zeitung arbeitete. Nach einigen Jahren versetzte man ihn in den Innendienst, und als die Firma schloss, entließ man ihn mit einer großen Abfindung in den Ruhestand.

Während seine Frau Hanna weiterhin den Dienst im Büro versah, langweilte sich ihr Mann zu Hause, obwohl er ihr einige Arbeiten in Haus und Garten abnahm.

Nach einiger Zeit wurde Gerd krank, depressive Verstimmungen kamen hinzu. Erst als der ehemalige Fernfahrer mit einem Arzt ausgiebige Gespräche führte, erkannte er, was ihm wirklich fehlte. Tatsächlich sehnte er sich nach Reisen und Bewegung in der Ferne, er litt unter Fernweh. Eine Aussprache mit seiner Frau führte dazu, dass sich das Ehepaar ein Wohnmobil zulegte, und an den Wochenenden und zur Urlaubszeit verschiedene Reiseziele ansteuerte. Doch erst als Hanna ebenfalls aus dem Berufsleben ausstieg, gelang es Gerd, seine Gesundheit wieder vollständig herzustellen. Das Paar reiste von da an jährlich mehrere Wochen mit dem Wohnmobil im Jahr quer durch Europa und fühlte sich wohl dabei.

*

Bianca besucht die Freundin Lisa, die in einem Reisebüro arbeitet und fragt die junge Frau: „Wie läuft es denn mit deinem neuen Freund?"
„Wir können uns prima unterhalten. Er arbeitet bei einem Reisebus-Unternehmen und erzählt mir viel von den Gegenden, die er später einmal selber kennen lernen will."

„Warum macht ihr denn diese Reisen nicht gemeinsam? Wenn ihr euch doch beide so für die bunte Welt interessiert?!"

Lisa lacht. „Da hätte ich nichts dagegen. Und er auch nicht. Aber es fehlt uns das nötige Kleingeld. Er ist geschieden und muss auch noch Unterhalt für Kinder aus seiner ersten Ehe zahlen, und ich habe noch die Ratenzahlung meiner neuen Küche zu tilgen. Da können wir uns den Luxus von Reisen im Moment leider nicht leisten. Aber dieser Zustand wird ja auch nicht ewig dauern."

„Und was macht ihr bis dahin?" fragt die Freundin interessiert. „Däumchen drehen?"

„Natürlich nicht. Wir sehen im Fernsehen inzwischen sehr viele Reiseberichte. Das hilft schon mal ein bisschen über das Fernweh hinweg. Außerdem lernen wir inzwischen Fremdsprachen, damit wir uns später auch am Reiseziel mit den

Einheimischen unterhalten können. Da ist mir Konstantin schon etwas voraus. Für seinen Beruf musste er schon Englisch, Französisch und Spanisch können. Jetzt lernen wir gerade gemeinsam Italienisch."

„Na gut, wenn man ein Ziel vor den Augen hat, kann man manchmal auch etwas Geduld haben. Und das ist jetzt alles?"

„Ich habe mir von einigen berühmten Städten, die ich einmal ansehen möchte, auch schon Stadtführer gekauft. Und bis dahin machen wir am Wochenende wenigstens schon einmal Fahrradtouren. Wenn man unterwegs ist, gibt es immer wieder etwas zu entdecken, auch hier bei uns im Land, und auch ganz in der Nähe."

Bianca nickt. „Manchmal muss man eben auch kleine Brötchen backen, ich drücke euch die Däumchen, dass eure Wünsche wahr werden." *

John hat Medizin studiert. Seine Kommilitonin Jana ist neugierig. „Wann geht es denn los nach Afrika? Hast du schon alle Impfungen hinter dir? Hast du schon alles gepackt?"

John strahlt. „Alles erledigt. Ich kann es kaum noch abwarten."

„Hast du denn keine Angst? Du weißt doch gar nicht, was dich dort alles erwartet. Da gibt es allerlei unangenehme Überraschungen. Du könntest dir eine unbekannte Krankheit einfangen. Du könntest in einem Krisengebiet plötzlich allen möglichen Gefahren gegenüberstehen. Es ist da in der Ferne alles so unberechenbar. Warum bist du hier nicht einfach Arzt in einem Krankenhaus geworden, ein Assistenzarzt, der sich so nach und nach hocharbeitet?"

„Ich habe keine Angst vor Überraschungen oder fremden Situationen. Das Leben ist oft unberechenbar, auch hier in unserem Land. Mir kann schon morgen ein Ziegelstein auf den Kopf fallen."

Jana schüttelte den Kopf. „Das ist sehr unwahrscheinlich. Dort in der Fremde lauern weit mehr Gefahren auf dich, die dich überraschen könnten. Dazu hätte ich wirklich keinen Mut, mich solchen Unberechenbarkeiten auszusetzen. Warum muss es denn ausgerechnet so weit weg sein?"

„Ich liebe Afrika und überhaupt viele Länder in der ganzen Welt. Ich bin gern unterwegs, lerne gern fremde Kulturen kennen. Und außerdem kann ich natürlich dort auch helfen. So kann ich meine gelernte Tätigkeit mit meinen Bedürfnissen und Vorlieben kombinieren. Glaube mir, ich bin kein

Mensch, der in jeder Minute auf Sicherheit setzt. Ich bin sehr flexibel und auch spontan. Natürlich, bei meiner Arbeit als Arzt, da versuche ich, hundertprozentig zu sein. Aber was überall da herum passiert, das kann kein Mensch unter Kontrolle haben."

„Dann bist du also ein Abenteurer. Vielleicht liebst du sogar die Gefahren, um dich zu beweisen."

„Für mich ist das Leben ein Abenteuer, ich möchte auch etwas erleben, ja natürlich. Und wenn dann alles noch Sinn und Zweck hat, ja einem guten Zweck dient, dann bin ich völlig glücklich."

Jana atmet tief. „Also gut, du Reise-Onkel. Vermutlich hast du ein rastloses Temperament und willst immer gefordert werden. Mir wäre das zu anstrengend. Dann viel Glück, und schreib mal eine Postkarte, wenn du dafür Zeit findest."   *

Fazit

Rieke, Gerd und Hanna, John und Konstantin sind Menschen, die gerne ihr Wissen erweitern möchten und einen gewissen Erlebnis- Hunger besitzen, der sie auch in die Ferne treibt. Sie alle möchten in Bewegung sein, etwas bewegen und das Leben als eine Art Reise betrachten.

Fremde Länder und fremde Kulturen sind für sie interessant. Sie alle sind flexibel, aktiv, haben Mut und keine unbegründeten Ängste. Sie kennen die Reiselust bis hin zum Fernweh und hoffen auf viele Erlebnisse, die ihr Leben begleiten werden. Ihr Ziel ist es, reich an Erfahrungen zu werden.

Nicht jeder Mensch hat die Möglichkeit, seiner Reiselust nachgehen zu können. Dieser Wissens- und Erfahrungsdrang sollte zumindest im kleinen Bereich ausgelebt werden. Ein Picknick, eine Wanderung, ein Wochenende im Zelt oder der Besuch eines Seminars können sich hilfreich auswirken.

Aktive bis hyperaktive Kinder

In dieser heutigen Zeit achtet man sehr darauf, bei Kindern früh zu erkennen, ob bei ihnen eine Hyperaktivität vorliegt. Hier ist es sehr wichtig, sich über das Temperament eines Kindes ein genaues Bild zu machen. Man kann zwischen einem aktiven und temperamentvollen Kind und einem unkonzentrierten hyperaktiven Kind unterscheiden. Für diese Untersuchung wendet man sich am besten an einen Fachmann.

Das Temperament eines Kindes erkennt man schon früh, wenn man seinen Tages- und Nachtrhythmus beobachtet. Schon im ersten Jahr kristallisiert es sich heraus, welchem Rhythmus das Kind folgt. Die Schlaf- und Ruhebedürfnisse sind vollkommen unterschiedlich, ebenso wie das Bewegungs- und Schreiverhalten.

Die aktiven Kinder brauchen im Kleinkindalter schon früh Bewegung und wollen unterhalten werden. Sie finden schwerer in den Schlaf und sollten daher vor dem Zubettgehen mit beruhigenden Maßnahmen (z. B. Musik, Vorlesen, Beten) zum Herunterfahren ihres Erregungszustandes gebracht werden (dies gilt später auch für die Erwachsenen der gleichen aktiven Veranlagung).

Eine individuelle Sportart hilft schon im Kleinkindalter tagsüber, den natürlichen Bewegungsdrang auszuüben und Aggressionen abzubauen (bei Mädchen ist zum Beispiel Ballett und Tanz beliebt, bei jungen Fußball und Judo).

Es kommt allerdings auch vor, dass Eltern ihren Kindern die eigene Unruhe, Hektik und Unsicherheit übertragen und daher nicht fähig sind, den Kindern Ruhe zu vermitteln. In diesem Fall sollte man nicht nur bemüht sein, sein eigenes Verhalten zu ändern, sondern auch auf Großeltern, Verwandte und andere geeignete Personen zurückgreifen, die bei der Kinderbetreuung behilflich sein können.

Aktive Kinder können eine gewisse Portion an gesundem Stress vertragen, sie fühlen sich wohl in ab und zu wechselnder Umgebung und freuen sich über Anregungen jeder Art.

Sie neigen allerdings auch schneller dazu, sich heftig aufzuregen, oder sogar einmal auszurasten. Beobachtet wurde auch, dass sie häufiger hohes Fieber bekommen, das rasch wieder abklingt.

In der Regel weiß der aktive Typ recht gut, was er will und findet schnell Möglichkeiten, sich durchzusetzen.

Im Allgemeinen gilt, dass es nach Möglichkeit besser ist, die Aktivität in richtige Bahnen zu lenken, als die Kinder mehr als notwendig auszubremsen.

*

Typ 2 Der ruhende Typ und seine Temperamente

A Der Sinnenmensch

Tatjana galt in ihrer Kindheit immer als ein ruhiges Mädchen. Sie war beliebt bei ihren Freundinnen, weil sie gut zuhören konnte und die Geheimnisse stets für sich behielt.

Während ihrer Schulzeit absolvierte sie einige Praktika, um in verschiedene Berufe hinein zu schnuppern. Heute, drei Tage vor ihrem 16. Geburtstag, führt sie ein Gespräch mit der Mutter.

„Ich weiß wirklich nicht, wo es lang gehen soll. Im Büro des Rechtsanwalts hat es mir nicht gefallen, im Steuerbüro auch nicht, und im Supermarkt fand ich es ganz grässlich. Das ist alles nichts für mich, Mama!" beschwert sich Tatjana.

„Es gibt noch genug andere Möglichkeiten für dich", tröstet die Mutter. „Ich habe gemerkt, dass du ein sehr hilfsbereiter Mensch bist. Du kochst und bäckst gern, du legst Wert auf deine Kleidung, auf dein Äußeres, und deine gute Nase fasziniert mich immer wieder. Es erstaunt mich, wie gut du Düfte erkennen kannst, sowohl in der Küche als auch in der Natur."

Die Tochter lacht. „Ich möchte aber weder Köchin noch Bäckerin werden. Wenn ich den ganzen Tag in der Küche stehen müsste, würde es mir keinen Spaß mehr machen. Ja, einen guten Geschmack, ja den habe ich schon. Aber in einer Parfümerie möchte ich auch nicht den ganzen Tag aushalten. So viele Düfte durcheinander, nein, da wird mir schon von der Vorstellung schlecht."

„Du könntest einen Beruf erlernen, in dem du mit Menschen zu tun hast", schlägt die

Mutter vor. „Du hattest immer sehr viel Verständnis für deine Freundinnen. Und neulich, als du mir den Nacken massiert hast, da habe ich festgestellt, dass du sehr sensible Hände hast. Vielleicht hast du Lust, Physiotherapeutin zu werden."

Tatjana schüttelt den Kopf. „Nein, das ist nichts für mich. Ich habe das Gefühl, dass ich eine besonders angenehme Atmosphäre um mich herum brauche. Etwas, das mit Schönheit zu tun hat. Vielleicht kann ich Menschen verschönern?"

Die Mutter zieht die Augenbrauen hoch. „Du willst doch nicht etwa Friseurin werden. Die verdienen doch kaum Geld. Da stehst du dir den ganzen Tag die Füße platt, und das nur für ein paar Euro."

Die junge Frau überlegt. „Mit Haaren habe ich es wirklich nicht so. Aber ich schminke mich gern und würde gern auch anderen

Menschen dazu verhelfen, schöner auszusehen."

„Wie wäre es denn mit einem Beruf als Kosmetikerin. Da kannst du auch schon einmal zwischendurch sitzen und hast eine ruhige und entspannende Atmosphäre um dich herum, vielleicht mit Musik und einem guten Duft. Du verhilfst Menschen dabei zu mehr Selbstwertgefühl, schenkst ihnen außerdem noch etwas für Körper und Seele. Vor allen Dingen ist das eine Arbeit, die ohne jede Hektik abläuft. Das wünschst du dir doch, oder?"

Tatjana überlegt. „Die Mutter einer meiner Freundinnen ist Kosmetikerin, bei ihr könnte ich mir das einmal anschauen. Grundsätzlich kann ich es mir schon vorstellen, meine Kundinnen zu verschönern und ihnen mit guten Cremes zu einem besseren Gefühl zu verhelfen. Und eine entsprechende Atmosphäre weiß ich auch zu gestalten."

Die Mutter nickt. „Das ist eine gute Idee, schau da einmal rein zu, ob das dir wirklich so gefällt. Trotzdem könntest du auch den einen oder anderen schönen Duft als Parfum noch dazu verkaufen. Mit deiner guten Nase hättest du da auch Möglichkeiten, etwas zu kombinieren."

Wenige Tage später erhält Tatjana die Möglichkeit, einen Tag im Kosmetiksalon zu verbringen. Die Chefin hat ihren Salon mit viel Erfahrung und Geschmack gut eingerichtet, Tatjana spürt, dass sich die Klienten wohlfühlen und ahnt, dass sie hier einige ihrer Eignungen anwenden kann. Und sie hat Glück: Ein paar Wochen später ergibt es sich, dass sie sich dort auch ausbilden lassen kann.

Tatjana ist ein Mensch, dem eine gepflegte, ruhige Umgebung wichtig ist. Sie ist empathisch, hilfsbereit und sinnenfreudig, sie hat Glück, dass sie einen Beruf findet, in dem sie diese Potenziale ausleben kann.

*

Sascha ist Lehrer geworden, seine Eltern und seine Großmutter waren ebenfalls im Lehrberuf tätig. Schon früh empfahl man ihm, sich ebenfalls in den Beamtenstatus zu begeben, um die geordneten Verhältnisse, auch im finanziellen Bereich zu genießen.

Nach ein paar Jahren verschlechtert sich sein Gesundheitszustand, eine längere Krankheit setzt ihn für eine Weile ins Aus. Ein Jahr später trifft ihn Jonas, ein ehemaliger Kollege wieder.

„Bist du wieder gesund? Wann kommst du wieder zurück in die Schule?" wendet er sich an den Mann, der ein Umzugsauto belädt.

Sascha lächelt vergnügt. „Ich komme nicht wieder zurück. Nicht mehr in die Schule, und auch nicht mehr in dieses Haus."

Jonas wundert sich. „Wieso? Was soll das heißen, du kommst nicht mehr zurück?"

„Als ich krank war, habe ich darüber nachgedacht, ob das alles so richtig ist, was ich tue. Eigentlich bin ich gar kein Mensch, der so viele Menschen um sich herum haben möchte. Den Lehrerberuf habe ich nur ergriffen, weil das bei uns so üblich war. Ich hatte gesehen, dass meine Eltern damit sehr glücklich waren, und wir alle haben angenommen, dass das bei mir auch der Fall sein würde. Aber ich habe nun inzwischen herausgefunden, dass ich viel Ruhe brauche und mich allein in der Natur am wohlsten fühle. Da habe ich mir nun außerhalb der Stadt ein winziges Bauernhaus gekauft mit einem hübschen verwilderten Garten dazu. Es gibt sogar ein paar Tiere dort, Hühner und Schafe und einen riesigen Gemüsegarten."

Jonas hebt die Augenbrauen. „Dann bist du ein sogenannter Aussteiger? Meinst du, das geht gut? Wirst du dich nicht einsam fühlen? Und womit willst du dein Geld verdienen?"

„Da habe ich nun etwas Glück. Nicht jeder kann den Weg sofort gehen, den er sich wünscht. Bei mir ist das allerdings der Fall. Ich werde vorzeitig pensioniert und brauche nicht allzu viel zum Leben. Dort auf dem Land werde ich zum Selbstversorger. Ja, natürlich nicht so ganz, aber Gemüse, Kartoffeln, Salat und Kräuter werde ich selber anbauen. Ich habe ja nun genügend Zeit dazu, das wird schon werden."

„Also, das wäre nichts für mich. Ich brauche die Menschen um mich herum", bekennt Jonas. „Aber ich werde dich einmal besuchen und ein paar frische Eier bei dir kaufen, ist das ein Deal?"

Sascha lacht. „Warum nicht. Gegen einen Besuch habe ich nichts einzuwenden. Sicherlich werde ich nicht zum Einsiedler. Aber seit ich weiß, was mir gut tut, geht es mir viel besser."

Sascha ist wie viele andere Menschen in einen Beruf hineingeschlittert. Er hat glücklicherweise die Möglichkeit, noch rechtzeitig umzusatteln. Hätte er aus finanziellen Gründen keine Möglichkeit gehabt, den Lehrberuf völlig zu quittieren, hätte man andere Maßnahmen ergreifen müssen. Neben einer Stressreduzierung im

Alltag hätte er sich in seiner Freizeit ein Hobby in der Natur suchen müssen, um gesünder und glücklicher zu leben.

*

Uschi trifft ihre Schulfreundin Maggie nach Jahren wieder. Sie freuen sich über das Wiedersehen und umarmen sich. „Erzähl mal! Wie geht es dir, Maggie? Bist du immer noch Fachverkäuferin im Schuhgeschäft?"
Die Freundin schüttelt den Kopf. „Oh nein! Schon lange nicht mehr. Es war nicht nur die schlechte Luft in dem Schuhgeschäft, die mir nicht gut getan hat. Ich arbeite jetzt in einer Gärtnerei und bin fast den ganzen Tag draußen. Natürlich habe ich auch noch Kontakt mit Kunden, die ich berate, aber andererseits habe ich auch einige Stunden

am Tag, in denen ich mich nur mit Pflanzen und Erde beschäftige, diese Zeit der Ruhe brauche ich einfach. Die Hektik im Schuhgeschäft hat mich ganz krank gemacht. Und was machst du?"

Uschi lacht. „Ich habe nicht so lange dafür gebraucht, den Beruf zu finden, der meiner Veranlagung entspricht. Ich bin Innenarchitektin geworden, da habe ich auch viel Ruhe, wenn ich zeichne oder neue Ideen kreiere. Und genau wie du werde ich dabei nicht vereinsamen, denn zwischendurch habe ich immer wieder mit Klienten zu tun, die mich aufsuchen und mir Aufträge geben. Dabei fühle ich mich auch sehr wohl."

Maggie lacht nun ebenfalls. „Ja, wir beide waren immer schon die Außenseiter in der Schule. Während die anderen von Party zu Party gerannt sind und nicht genug Rummel um sich herum haben konnten, saßen wir im

Waldcafé und haben vor uns hin geträumt und den Vögeln zugehört, die um uns herum zwitscherten. Damals hatte ich noch vor, Tierärztin zu werden, aber ich habe für mich festgestellt, dass es mir zu viel ausmacht, wenn ich Tiere leiden sehe. Das hätte ich nicht ertragen."

„Oh, wenn du so sensibel bist, musst du allerdings aufpassen", scherzt Uschi.

„Pflanzen haben doch auch eine Seele. Und wie ich dich kenne, sprichst du bestimmt mit ihnen. Trauerst du denn nicht, wenn du eine verwelkte Pflanze siehst?"

„Pflanzen, denen es nicht gut geht, tun mir schon leid. Deswegen kümmere ich mich dann auch besonders um sie. In der Regel versuche ich, es gar nicht so weit kommen zu lassen. Aber wir könnten uns auch gut zusammen tun. Wenn du deinen Klienten eine hübsche Wohnungseinrichtung gezeichnet hast, schickst du sie anschließend zu mir, und ich suche ihnen dann die passenden Pflanzen aus."

Uschi grinst. „Warum nicht. Darüber lässt sich reden."

*

Max und Thea haben vor kurzem ein Bistro eröffnet, nachdem sie mit einer kleinen Erbschaft beschenkt wurden. Thea war früher Bankangestellte und Max arbeitete als Koch in einem großen Restaurant.

Die Tochter Victoria hat sich angeboten, die Buchhaltung zu erledigen, um ihren Eltern bei der Verwirklichung ihres Traumes zu helfen."

Thea umarmt ihre Tochter. „Schön, dass du dich auch ein bisschen einbringen möchtest. Ich käme sonst tatsächlich in Stress, wenn ich alles selbst machen müsste. Papa hat nämlich mit seinen zwei Aushilfsköchen genug in der Küche zu tun, und ich kümmere mich mit Luisa, der Bedienung darum, dass es unseren Gästen gut geht."

Victoria sieht die Mutter zweifelnd an. „Aber ist dir das denn jetzt nicht zu stressig, Mama? Früher hattest du doch viel mehr Ruhe, als du noch in der Bank gearbeitet hast."

„Etwas übersichtlicher war es schon, aber dies hier ist ein angenehmer Stress. Es macht Spaß, in der Küche ein wenig zu helfen, denn, wie du weißt, lieben dein Papa und ich ein gutes Essen sehr. Wir sind beide Genießer und wünschen uns daher auch, dass sich unsere Gäste wohlfühlen. Und wir versuchen, unseren Gästen eine gepflegte ruhige Atmosphäre anzubieten, damit sie das lukullische Essen auch in Ruhe genießen können. Diese Ruhe müssen wir natürlich auch ein wenig ausstrahlen, damit alles passt. Deswegen haben wir ja auch alles in einem so kleinen Rahmen gehalten, damit alles übersichtlich bleibt."

„Ja, das muss man euch lassen. Euer Essen bei der Einweihung war ganz vorzüglich. Das haben auch die Zeitungen berichtet. Eine Atmosphäre zum Wohlfühlen und Genießen! Und wenn es doch zu hektisch wird, müsst ihr eben ein paar Hilfskräfte mehr anstellen. Bei mir im Haus wohnen ein paar Studentinnen, die würden sich bestimmt gern ab und zu noch etwas dazu verdienen."

„Eine gute Idee, Victoria! Darauf werde ich bestimmt noch einmal zurückkommen. Und wie gefällt dir die neue Deko hier?"

„Einfach klasse! Du hast schon immer einen guten Geschmack gehabt, Mama. Auch die Musik passt, zeitlos, und trotzdem entspannend. Diese Erbschaft kam wirklich gerade zur rechten Zeit, damit ihr eure Talente wuchern lassen könnt", lobt die Tochter.

Die Mutter atmet auf. „So viel Lob von der jungen Generation! Das hätte ich nicht gedacht. Oder willst du mir nur schmeicheln?"

„Damit würde ich dir wenig helfen. Ich habe es ja selbst nicht vermutet, aber ihr beide habt eben ein Händchen dafür, das muss jeder neidlos zugeben."

Thea lacht und legt den Arm um ihre Tochter. „Dann muss ich dir jetzt erst einmal einen Drink ausgeben. Darauf müssen wir anstoßen!"

Auch Max und Thea haben ein zusätzliches Glückserlebnis gehabt, als sie sich mit der kleinen Erbschaft den Traum des kleinen Bistros verwirklichen konnten. Wäre dies nicht der Fall gewesen, hätten sie vermutlich nur durch einen Kredit den Traum vom eigenen kleinen Restaurant verfolgen können. Auch dies wird nicht allen Menschen mit ähnlichen Potenzialen möglich sein. Zahlreiche Menschen werden mit der eigenen kleinen Küche zum experimentieren zufrieden sein müssen.

Dennoch bereitet es immer wieder Freude, andere Menschen, egal ob Freunde oder Verwandte mit einem schönen Essen zu verwöhnen.

*

Zu größeren Plänen fehlt vielen Menschen die entsprechende finanzielle Grundlage.

Dagegen können sich Menschen mit den Bedürfnissen wie bei Max und Maggie, alternativ im Garten, (den man auch auf dem Land eigens zu diesem Zweck anmieten kann) oder notfalls auch auf dem Balkon austoben und eigenes Gemüse und Pflanzen züchten.

Menschen wie Uschi leben sich in der ruhigen Atmosphäre des Heimes auf dem Papier oder am Computer aus und lassen ihre kreativen Ideen von anderen umsetzen.

*

Fazit

Tatjana, Maggie, Uschi, Sascha, Max und Thea sind Menschen, die ihre Potenziale im Bereich einer erhöhten Sinnenfreudigkeit angesiedelt haben. Während sich bei Maggie, Uschi und Sascha eine besondere Empfänglichkeit für den Bereich der Natur zeigt, geht es bei Tatjana, Max und Thea besonders um das körperliche Wohlbefinden anderer Menschen. Für alle ihre Berufsziele sind Empathie und geöffnete Sinne erforderlich, und in den gezeigten Fällen auch vorhanden.

*

Spätentwickler und introvertierte Kinder

Im Kleinkind- und Kinderalter sind Menschen mit viel Empathie und geöffneten Sinnen häufig ruhiger. Sie neigen dazu, die Welt zu beobachten und in ihrer Sinnlichkeit emotional zu erleben. Sie hören, riechen schmecken, sehen, tasten und empfinden stark und haben in der Entwicklungszeit immer wieder scheinbare und tatsächliche passive Phasen, in denen ihre Empfindungen verarbeitet werden.

Es gibt auch einige Kinder dieses Typs, die man zu den Spätentwicklern zählt. Tatsächlich fällt ihnen häufig das Lernen schwerer, dennoch zeigte sich in langfristigen Studien, dass das Gelernte häufig länger haftet.

Für die Sinnesmenschen gibt es eine Vielfalt von Berufen und Hobbys, die erwähnten Beispiele zeigen nur einen winzigen Ausschnitt (besonders empfehlenswert sind alle Verschönerungsbereiche, die den Menschen und seine gesamte Umgebung, besonders auch Wohnbereich und Garten betreffen).

*

B Alles funktioniert nach Plan

Martha hat ihre Freundin Jenny ins Eiscafé eingeladen, sie feiern ihr Wiedersehen nach mehreren Jahren. Die freundliche Bedienung serviert zwei große Eisbecher mit Erdbeeren und Sahne.

Neugierig betrachtet Martha die junge Frau, die ihr gegenüber sitzt. „Jetzt erzähl schon! Wie geht es dir? Ich bin total gespannt."

„Momentan bin ich Single. Und manchmal habe ich das Gefühl, dass mir das sogar besser gefällt, als mit einem Partner. So bleibt mir auch einiger Ärger erspart, und meine Wohnung bleibt wenigstens ordentlich. Beruflich habe ich es sehr gut angetroffen, arbeite schon seit einigen Jahren in einer chirurgischen Praxis. Da gefällt es mir sehr gut, denn mein Chef sorgt für geordnete Verhältnisse und gute Einteilung.

Natürlich gibt es auch schon einmal Stress, wenn viele unangemeldete Patienten mit akuten Problemen auftauchen, aber unser Boss schafft es trotzdem immer wieder, den Plan irgendwie einzuhalten. Er ist ein Organisationstalent. Es gefällt mir, dass er die Praxis genauso ordentlich führt, wie sie auch aussieht."

Martha lächelt. „Ich erinnere mich. Du warst früher schon immer ein ordentliches Mädchen. Dein Zimmer sah aus wie ein Museum, es lag überhaupt nichts herum. Ordnung ist für dich schon ein wichtiges Thema, nicht wahr?"

„Ja, bei mir Zuhause liegt alles immer an seinem Platz. Und ich mag es auch zu Hause genauso ordentlich und sauber, wie es bei uns in der Praxis aussieht. Das gibt mir das Gefühl, dass alles richtig ist. Mein letzter Freund war ein Chaot. Mit uns beiden hat es gar nicht geklappt, er war so unberechenbar, und man konnte sich nicht auf ihn verlassen. In der Wohnung hat er ständig alles herumliegen lassen und fand das auch noch gemütlich. Glaub mir, das hat gar nicht gepasst. Wenn er mal gekocht hat, sah die Küche aus wie ein Schlachtfeld, und danach wollte er plötzlich noch irgendwohin ausgehen. Auf solche verrückten Ideen kam er immer wieder."

Martha sieht die Freundin nachdenklich an. „Ich kann mir vorstellen, dass ihr Probleme miteinander hattet. Vermutlich gibt dir die Ordnung eine Sicherheit, die du brauchst. Vielleicht findest du einmal einen Freund, der ähnliche Bedürfnisse hat wie du, denn das ist schon beim Zusammenleben wichtig."

Jenny nickt eifrig. „Ja, das habe ich auch gemerkt. Ich habe ständig über sein Chaos gemeckert, und er hat es nicht verstanden. Und was ist aus dir geworden?"

Martha lacht. „Ich habe einen Mann gefunden, dem ich ständig alles hinterher räume. Aber beruflich sorge ich auch für Ordnung, das wird dich bestimmt freuen."

„Und? Was treibst du so? In welchem Beruf tobst du dich aus?"

„Ich bin Kontrolleurin in der Straßenbahn und passe auf, dass niemand ohne Ticket fährt."

*

Der ordnungsliebende Menschentyp braucht zum eigenen Wohlbefinden die entsprechende Umgebung. Dies ist besonders im Zusammenleben mit anderen Menschen zu beachten, zum Beispiel in einer Wohngemeinschaft oder einer Partnerschaft.

Auch der Wunsch nach einem Leben nach Plan gehört zur Veranlagung dieses Menschentyps, der sich nicht zu sehr mit Improvisationen überfordern sollte. Es ist wichtig, sich das Leben den Umständen entsprechend nach diesen Vorstellungen individuell zu gestalten.

*

Nicolas besucht seine Tante Valerie und wundert sich darüber, dass bei ihr alles blinkt und glänzt.

Er grinst. „Ui, Tante Valerie! Bei dir ist aber alles so super fein. Wie machst du das denn überhaupt? Du bist doch morgens als Lehrerin in der Schule. Hast du denn eine Putzfrau?"

Die Tante reicht ihm ein Erfrischungsgetränk. „Nein, ich habe niemanden, der mir bei der Hausarbeit hilft. Aber das mache ich auch lieber selbst, weil es mir keiner ordentlich genug macht. Aber manchmal ist es auch schon ganz schön stressig, jeden Tag immer wieder gegen den Dreck anzukämpfen. Ich hätte es am liebsten immer ganz blitzeblank."

Nicolas reißt die Augen auf. „Aber du hast es doch super sauber! Mehr als rein, das geht doch gar nicht. Hast du denn dann überhaupt noch Zeit für andere Sachen?"

„Zugegeben, nicht viel. Aber ich bin eben dafür, die Dinge richtig in die Hand zu nehmen."

Nicolas stimmt ihr zu. „Ja, das erzählt Mama auch immer von dir aus der Kindheit. Sie sagt, du wärst nie für halbe Sachen gewesen und möchtest immer alles richtig machen."

„Ordnung ist eben das halbe Leben. Aber offensichtlich habe ich auch das richtige Auge dafür. Niemand sieht in den Klassenheften die Fehler so schnell wie ich, da fällt es mir dann gar nicht schwer, eine hundertpozentige Arbeit zu leisten. Ich habe halt immer den Wunsch, perfekt zu sein."

„Das gibt es hier aber nicht", meint Nicolas altklug. „In diesem Leben und auf dieser Welt ist nichts perfekt."

Valerie lächelt. „Aber man kann es ja wenigstens versuchen."

*

Nina, eine Kindergärtnerin, besucht ihren neuen Freund Torben im Büro, das einen Teil einer großen Steuerberater-Kanzlei einnimmt.

Sie sieht sich um und staunt. „Und hier kannst du es den ganzen Tag aushalten? Das ist doch grauenvoll hier!"

Er sieht sie irritiert an. „Warum? Was gefällt dir denn hier nicht?"

„Hier ist ja eine richtig sterile Atmosphäre. Sogar dein Schreibtisch sieht aus wie in einem Musterhaus. Kannst du dich da überhaupt wohlfühlen?"

„Natürlich. Warum denn nicht?! Ich habe hier die Ordnung, die ich brauche. In meinem Beruf geht es nicht nach Kreativität, sondern nach Regeln, Ordnung und Gesetzen. Mein Büro passt zu meiner Arbeit, und es gibt nichts, das mich ablenken könnte."

„Gestaltest du so etwa auch deinen Arbeitsplan?" fragt sie entsetzt.

„Natürlich. Du hast doch bestimmt auch mit deinen Kindern in der Kita Tagespläne. Oder macht ihr alles ganz spontan?"

„Es gibt schon Pläne, aber wir sind auch spontan und kreativ genug, sie öfters einmal abzuwandeln oder vollkommen umzuwerfen. Im Leben kann man eben nicht immer alles vorausberechnen, ganz besonders nicht mit Kindern. Wie sieht das denn zu Hause in deiner Wohnung aus? Bist du da etwa genauso pingelig?"

Er lächelt. „Ganz so schlimm ist das nicht. Da darf dann auch schon mal etwas herumliegen. Hauptsache, es ist sauber. Aber mach dir da mal nicht allzu viele Sorgen, diese Ansprüche stelle ich nur an mich selbst. Bei anderen Menschen bin ich etwas flexibler, das geht mich ja auch nichts an."

Sie atmet auf. „Na, da bin ich aber froh, sonst hätte ich dir nämlich jetzt nicht gesagt, dass ich dich für heute Abend zum Essen einladen möchte."

Er lächelt. „Schon notiert, trage ich mir sofort in meinem Terminkalender ein."

*

Kati bringt der Nachbarin Anna frischgebackene Plätzchen.

Die junge Frau bedankt sich. „Oh, wie die duften!" fügt sie hinzu. „Magst du gerade einen Kaffee bei mir trinken?"

Kati verzieht das Gesicht. „Nein, lieber nicht. Ich will doch jetzt nicht stören. Dein Mann ist doch zu Hause, und ihr wollt bestimmt den Feierabend genießen."

Anna schüttelt den Kopf. „Nein, ich habe Zeit. Abends arbeitet Michael immer in der Werkstatt."

Kati staunt. „Ist er denn nicht müde, wenn er abends nach der Büroarbeit nach Hause kommt?"

„Nein. Abends geht der immer in die Werkstatt und hantiert da herum."

„Was bastelt er denn? Sicher hast du dann viel Handgemachtes hier in eurer Wohnung." vermutet Kati.

„Leider nicht", bedauert Anna. „Er ist fast nie zufrieden mit seiner Arbeit. Er ist so ein ordentlicher Mensch und will alles ganz perfekt machen. Aber ihm ist es fast nie perfekt genug. Deswegen kommt auch nur selten etwas Brauchbares heraus."

Kati staunt. „Und es nutzt ihm auch nichts, wenn du ihn zwischendurch lobst und ihm sagst, dass es dir gefällt?"

Anna schüttelt den Kopf und sieht die Nachbarin betrübt an. „Leider nicht. Auf der Arbeit versucht er auch immer, alles zu perfektionieren. Manchmal ist es gut, aber manchmal eckt er auch an, bei Kollegen und auch den Vorgesetzten. Deswegen lasse ich ihn hier Zuhause ganz in Ruhe. Da kann er sich dann in seiner Werkstatt austoben. Und wenn ab und zu einmal etwas herauskommt, dann bin ich auch sehr stolz." Sie zeigt der Nachbarin einen hölzernen Beistelltisch mit Intarsienarbeiten.

Kati ist überrascht. „Der ist wirklich genial. Den könntest du glatt für viel Geld verkaufen. Dein Mann hat wirklich Talent."

Anna lächelt. „Ich weiß. Aber an diesem Tisch hat er auch über ein Jahr gearbeitet. Und du müsstest einmal seine Werkstatt sehen. Da sieht es aus wie in einem Museum, deswegen wage ich mich dort auch niemals hinein. Er braucht eben seine eigene Welt."

„Gut, dass du es so siehst", findet Kati. „Ich werde gleich mit meinem Mann und unserem Hund eine Runde spazieren gehen. Und den ganzen Kram vom Backen, den räume ich erst morgen wieder auf. Morgen ist auch noch ein Tag."

*

Fazit

Jenny, Valerie, der Steuerberater Torben und der Handwerker Michael sind sehr ordnungsliebenden Menschen. Auch die Sauberkeit spielt bei ihnen eine wichtige Rolle. Sie lieben es, ein Leben in vorhersehbaren Bahnen, möglichst nach Plan zu führen und fühlen sich häufig verunsichert, wenn unvorhergesehene Dinge geschehen.

Häufig setzen sie sich selbst unter Druck und möchten perfekt sein. Sie sind kritisch mit sich und manchmal auch mit dem Umfeld. Für diesen Menschentyp ist es wichtig, sich eigene Richtlinien und Sicherheit zu schaffen. Für das Berufsleben gilt, dass ihnen ein gewisses Gleichmaß gut tut, besonders wenn nach Plan gearbeitet wird. Die private Atmosphäre wird häufig nach Möglichkeit ebenso ordentlich, manchmal auch mehr oder weniger hygienisch rein gestaltet. Viele Menschen dieses Typs versuchen sich im Hauptberuf oder in einem Hobby in einem Handwerksberuf, bei dem ihr Wunsch nach einer perfekten Arbeit wenigstens teilweise befriedigt werden kann. Unter diesem Menschentyp findet man auch Frauen und Männer mit einem Hang zu übertriebener Ordnung d. h. zu Putzwut. Wenn dabei keine krankhaften Ansätze vorliegen (was bei einem Verhaltenstherapeut abgeklärt werden kann), sollten sich Menschen dieses Typs einfach beim Saubermachen austoben.

KINDER DES TYPS 2 B

Es wurde beobachtet, dass Kinder dieses Typs häufig ruhig sind, manchmal introvertiert, sich manchmal ängstlich zeigten. Der Wunsch nach geordneten Verhältnissen, in denen vieles planmäßig läuft, ist groß. Außerplanmäßige Dinge und Unordnung werden als sehr störend empfunden. Menschen dieses Typs neigen auch im Kinderalter dazu, sehr kritisch zu sein, achten häufig auch überkritisch auf das eigene Befinden mit einem leichten Hang zur Hypochondrie. Da sich dieser

Menschentyp nur sehr schwer daran gewöhnen kann, dass die Welt nicht perfekt ist, ist es wichtig, schon Kindern zu zeigen, wie man dennoch eine gewisse Gelassenheit erlangen kann. Siehe Kapitel: „Auf dem Weg zur Sinnfindung"

C Bescheidenheit ist eine Zier

Jakob ist von Beruf Architekt, sein Hobby sind verschiedene handwerkliche Arbeiten. Er hat sich sein Häuschen fast ohne fremde Hilfe gebaut und es einfach und praktisch eingerichtet. Viele Jahre hat er allein gelebt und nun mit Mitte 40 Hanne kennengelernt, der er zum ersten Mal den Wohnbereich zeigt.

Stumm wandert sie durch die Zimmer. Als sie in der zweckmäßig eingerichteten Küche ankommen, wagt er es endlich, sie zu fragen: „Du sagst ja gar nichts, gefällt es dir hier nicht in meinem Häuschen?"

„Ich bin etwas überrascht", gesteht sie ihm. „Es ist alles sehr einfach, aber sehr praktisch eingerichtet. Es sieht ein bisschen aus wie ein Musterhaus, klare und einfache Linien, bescheidene Ausführung. Trotzdem ist es sehr geschmackvoll. Das sagt mir sehr viel über deinen Charakter." Sie setzt sich auf einen Küchenstuhl.

Er lächelt. „Und was sagt dir das jetzt über mich?"

„Wir kennen uns ja noch nicht so lange. Aber es bestätigt mir schon das, was ich bis jetzt an dir kennengelernt habe. Du bist ein sehr sparsamer Mensch, der die Ressourcen dieser Erde nicht unverhältnismäßig ausnutzen möchte. Du bist ein ordentlicher und praktischer Mensch, der sich bescheiden zurückhält und sich nicht in den Vordergrund drängen möchte. Und du bist sehr praktisch veranlagt, alles hat hier seinen Sinn und Zweck. Dieses Haus sagt sehr viel über dich."

„Und jetzt, bist du enttäuscht?"

„Nein, es sind genau die Eigenschaften, die ich mir von einem Partner wünsche. In den früheren Jahren meines Lebens kannte ich einige unzuverlässige Partner, die mich sehr enttäuscht haben. Es waren Menschen, die sehr viel vom Leben erwarteten und verlangten, aber nicht bereit waren, dafür auch das Richtige zu tun. Wenn ich das hier so sehe, festigt sich bei mir der Eindruck, dass du ein Partner bist, der mit beiden Beinen auf dem Boden steht, und der auch bereit ist, etwas zu tun. Das imponiert mir, ich finde es toll, in dir einen Menschen kennen gelernt zu haben, der Charakterfestigkeit ausstrahlt. Auch die Ausdauer, mit der du das alles hier Schritt für Schritt geschaffen hast, zeigt mir, dass du ein beständiger, vielleicht sogar treuer Mensch bist."

Er lächelt. „Ist das nicht vielleicht etwas langweilig? So ganz ohne Überraschungen?"

Sie lächelt zurück. „Auch wenn sich es hier um deinen grundlegenden Charakter handelt, so traue ich dir doch zu, dass es noch Dinge gibt, bei denen du mich überraschen kannst."

*

Antonia ist Kindergärtnerin, ihre langjährige Freundin Nelly stattet ihr einen kurzen Besuch ab.

„Du siehst aber schick aus!" findet Antonia, als sie Nelly in moderner Garderobe erblickt.

„Komm herein in meine bescheidene kleine Wohnung, in mein Reich."

Nelly ist Fotomodell, berühmt und gut bezahlt. Sie sieht sich um und zieht die Augenbrauen hoch. „Und das gefällt dir hier?" wundert sie sich. „Du hast doch auch eine gute Figur, du könntest dir doch auch eine ganz andere Wohnung leisten, wenn du den Beruf wechselst. In dieser winzigen Behausung hier kannst du dich doch nicht wirklich wohl fühlen! Ich kann dir eine neue Arbeit beschaffen, ich habe viele Kontakte. Denn menschenscheu bist du doch ganz bestimmt nicht. In deinem augenblicklichen Beruf hast du es doch auch mit allerlei verschiedenen Typen zu tun."

Antonia schüttelte den Kopf. „Das tut mir echt leid, Nelly, dass du das jetzt nicht verstehen kannst. Ich liebe meinen Beruf als Kindergärtnerin sehr. Es macht mir eine riesige Freude, die Kleinen ein Stück auf dem Weg ihres Lebens zu begleiten, und wenn es gut geht, auch etwas fördern zu können. Ja, vielleicht habe ich auch keine schlechte Figur, aber ich bin auch keine Schönheit. Und ich brauche auch gar nicht so viel Geld, wie du jetzt vielleicht glaubst.

Ich verdiene genug, um mir diese hübsche kleine Wohnung leisten zu können, und ich habe auch alles, was ich brauche. Nein, ich möchte wirklich keinen anderen Beruf."

Nelly staunt. „Das kann ich wirklich nicht verstehen. Jeder Mensch möchte doch viel Geld verdienen. Was du dir da alles leisten könntest, viele Urlaube, ein teures Auto, immer tolle neue Klamotten. Lockt dich das denn gar nicht?"

„Nein, wirklich nicht, ich bin wirklich zufrieden mit meinem Leben. Der Beruf macht mir Freude, und das Geld reicht für das, was ich brauche. Ich mag nämlich auch noch die Dinge, die kein Geld kosten. Ich liebe die Natur und gehe viel spazieren. Ich kenne mich ein bisschen aus mit Kräutern und Steinen. Die sammele ich dann auch noch in meiner Freizeit und habe ebenfalls

Spaß daran. Du siehst, ich bin mit meinem Leben zufrieden."

„Niemand ist mit seinem Leben zufrieden", behauptet Nelly. „Ich versuche auch immer wieder, besser zu sein. Dann mache ich wieder eine Diät, oder gehe zwischendurch zum Schönheitschirurgen. Da muss man immer dranbleiben."

„Dieses Problem habe ich nicht", freut sich Antonia. „Und jetzt darfst du einmal ein Stück von meinem Kuchen probieren. Den habe ich extra für dich gebacken."

Nelly macht eine abwehrende Handbewegung. „Nur einen Kaffee bitte! Kuchen darf ich mir im Moment nicht erlauben."

*

Natalie arbeitet seit Jahren als Sekretärin beim Schulamt. Ihr langjähriger Freund, der Direktor eines Gymnasiums hat eine Idee.

„Ich habe eine tolle Neuigkeit für dich. Soll ich es dir verraten?"

„Was ist denn? Jetzt machst du mich wirklich neugierig."

„Da gibt es eine tolle Stelle, auf die du dich bewerben kannst. Sie ist besser bezahlt und hat günstigere Arbeitszeiten. Und sie ist ganz in meiner Nähe. Was hältst du davon, wäre das nicht etwas für dich?"

Natalie lässt sich alles über den neuen Job erzählen, es gibt allerlei Punkte, die dafür sprechen, eine Veränderung in Erwägung zu ziehen.

Die Sekretärin verspricht, sich die ganze Sache zu überlegen.

Eine Woche später treffen sich Theo und Natalie wieder.

„Und? Hast du es dir jetzt überlegt? Was ist nun mit deinem Jobwechsel?"

„Es tut mir leid", bedauert Natalie. „Ich werde meine alte Stelle beibehalten. Da weiß ich doch, was ich habe. Natürlich ist da nicht alles so, wie es mir gefällt. Aber das ist doch überall so. Irgendeinen Haken hat jede Sache. Bei dieser Stelle kenne ich bereits die Nachteile. Wer weiß, was mich dann dort auf der neuen Stelle erwartet. Nein, das ist mir zu riskant. Ich werde nicht wechseln, der alte Job geht ja auch. Es lässt sich immerhin aushalten. Jetzt habe ich es so lange ausgehalten, dann kann ich es auch noch weiter aushalten."

Theo ist enttäuscht. „Willst du es dir nicht noch einmal überlegen? So eine Gelegenheit kommt so schnell nicht wieder."

Sie schüttelte energisch den Kopf. „Da gibt es nichts zu überlegen. Ich habe mich bereits entschieden. Ein Wechsel ist mir zu riskant."

Fazit

Wie viele Menschen dieses Typs ist Natalie ein Mensch, der nicht gern Veränderungen vornimmt. Das Risiko einer neuen Stelle ist ihr zu hoch, da sie sich gern in gewohnten Bahnen und auf bekannten Wegen aufhält.

Sie zieht das alte Gewohnte vor, auch wenn es Nachteile beinhaltet.

Menschen dieses Typs fühlen sich wohl in Situationen und Verhältnissen, die ihnen vertraut sind.

*

Roger will Journalist werden. Bevor er sein Studium beginnt, hat er ein Gespräch mit seinem Vater Rolf, der seit 25 Jahren in einer großen alteingesessenen Firma als Prokurist arbeitet.

„Was sagst du denn jetzt dazu? Meinst du, ich finde jetzt den richtigen Weg? Eigentlich bin ich mir ganz sicher, aber, das was ich tue, ist so ganz anders, als das, was du tust. Sind wir uns so unähnlich? Oder bist du einfach nur aus Gewohnheit bei dieser Firma geblieben? Hast du nie einmal überlegt, ob es vielleicht richtig für dich ist, den Beruf zu wechseln?"

Der Vater lächelt, „Das sind ganz schön viele Fragen auf einmal. Fangen wir doch einmal mit deiner ersten Frage an. Ich finde es richtig, dass du jetzt erst einmal das ausprobierst, was dir als richtig erscheint. Du bist ein Mensch, der gerne und viel Kontakt mit Menschen hat. Du bist ein Mensch, der sich sprachlich sowohl mündlich als schriftlich sehr gut ausdrücken kann.

Du kommst bei deinen Mitmenschen an, sie hören dir zu und du hörst ihnen zu. Du hast viele Freunde, einen großen Bekanntenkreis. In der Schule warst du oft Klassensprecher, und auch sonst hast du dich häufig für andere Menschen eingesetzt. In Deutsch warst du auch immer sehr gut, deine Aufsätze waren fantasiereich und trotzdem eindeutig geschrieben. Also, zusammengefasst meine ich, du hast ganz schön viele Eignungen für deinen gewünschten Beruf. Probiere es einfach! Du bist noch jung. Und wenn es nicht klappt, kannst du immer noch etwas anderes ausprobieren. Mama und ich, wir stehen hinter dir.

Aber nun zu deiner anderen Frage. Ja, du hast Recht, in den vielen Jahren ist mir schon manches Mal der Gedanke gekommen, ob ich mit meinem Beruf zufrieden bin, oder ob ich nicht vielleicht doch lieber wechseln soll. Ich interessiere mich auch für Psychologie, der Bereich einer Personalabteilung hat mich auch immer interessiert, irgendetwas, das mich noch mehr mit den Problemen der Menschen zusammenbringt. Tatsächlich habe ich schon einmal mit dem Gedanken gespielt, ob man im Leben nicht einen ganz neuen Anfang wagen soll. Aber ich habe viel hin und her überlegt und auch lange über mich nachgedacht.

Ich bin kein Mensch, der Risiken eingeht. In meinem Beruf kenne ich mich aus und versuche mein Bestes zu geben. Und damit sind meine Vorgesetzten bis jetzt immer zufrieden gewesen.

Ich werde gut bezahlt, und ich habe das Gefühl, dass ich etwas leiste. Ab und zu wird das sogar mal von außen bemerkt. Das ist schon eine ganze Menge. Das alles findet nicht jeder in seinem Beruf.

Und ich habe mich natürlich gefragt, was mich erwartet, wenn ich wechsele. Habe ich dafür tatsächlich genug Eignungen? Kann ich da auch mein Bestes geben? Und finde ich dann auch eine sichere Stelle? Sicherheit bedeutet mir sehr viel. Wir sind eine Familie, Mama geht nur in Teilzeit arbeiten, sie kann nicht den finanziellen Hauptanteil unseres Haushaltes bezahlen. Ich habe also auch die finanzielle Seite untersucht. Und dann bin ich zu dem Ergebnis gekommen, dass bei einem Wechsel eine ganze Menge Risiko dabei wäre. Dazu bin ich nicht mehr flexibel genug. Und ehrlich gesagt, früher war ich es auch nicht, als ich jung war, sonst hätte ich sicher schon einmal etwas verändert. Sicherheit ist also für mich doch sehr wichtig, ein Leben in geraden Bahnen, die übersichtlich und voraussehbar sind."

„Und das sagst du jetzt nicht nur, weil du dich nicht mehr jung genug fühlst zu einem Wechsel?"

„Nein. Das Alter kommt vielleicht jetzt noch dazu und unterstützt meine Entscheidung. Aber auch früher hätte ich diesen guten, sicheren Posten wohl nicht verlassen wegen eines fraglichen anderen Jobs. Aber darüber musst du dir keine Gedanken machen, ich bin zufrieden. Ja, und vielleicht sind wir auch etwas verschieden. Vater und Sohn sind sich nicht immer ähnlich. Schließlich hast du auch noch andere Erbanlagen, zum Beispiel von deiner Mutter oder deinen Großeltern. Aber ich finde, wir verstehen uns trotzdem."

Roger lacht. „Vor allen Dingen setzen wir auf denselben Fußballverein."

*

Fazit

Jakob, Antonia, Natalie und Rolf sind Menschentypen, die nicht risikofreudig sind, sondern auf Sicherheit setzen. Sie lieben das überschaubare, ordentliche und planbare Leben, das nur die notwendigen Veränderungen beinhaltet.

Häufig brauchen sie Ruhe und einen geregelten Tagesablauf bei der Arbeit, manchmal auch zu Hause. In der Regel sind diese Menschentypen treu und zuverlässig.

*

KINDER DES TYPS 2 C

Die Kinder dieses Typs sind häufig in der Kindheit zurückhaltend, ruhig, bescheiden, introvertiert, manchmal ein wenig ängstlich, häufig geduldig und halten sich im Hintergrund. Bisweilen sind sie auch schüchtern. Einige von ihnen sind Spätentwickler, was sowohl die körperliche Entwicklung als auch die Kommunikation anbelangt.

Sie sind beliebt, weil sie Geheimnisse bewahren können und für andere durch dick und dünn gehen, ohne zu erwarten, dafür belohnt oder gelobt zu werden. Sie sind pflichtbewusst, aber nicht übereifrig, liegen mit ihren Schulnoten meist im Durchschnitt und gehen oft ihren Weg, ohne Aufmerksamkeit zu erregen.

*

Typ 3 Der bewegliche und kommunikative Typ und seine Temperamente

A Jeder Tag bringt etwas Neues

Am Abend des langen Tages kommt Sabine spät nach Hause. Ihr Mann hat bereits gekocht, den Tisch gedeckt und serviert die Gemüsesuppe.

„Wie war dein Tag?" erkundigt er sich, nachdem sie sich etwas gestärkt hat.

„Meine Füße sind total müde, ich kann kaum noch stehen. Vielleicht genieße ich gleich erst mal ein Fußbad, während ich mich mit dir auf der Couch etwas ausruhe. Kommt heute etwas Interessantes im Fernsehen?"

Gerd nickt. „Wenn du Lust hast, können wir gleich einen Krimi zusammen anschauen. Das ist etwas zum Entspannen. Was meinst du?"

„Ja, das passt. Das war wieder mal ein langer Tag. Da tut etwas Ablenkung gut."

Er sieht sie nachdenklich an. „Willst du dich nicht mal nach etwas anderem umschauen? Das ist doch auf Dauer sicher kein Job für dich."

„Die müden Füße muss ich wohl abends in Kauf nehmen, denn der übrige Job ist wirklich wie maßgeschneidert für mich. Mir gefällt es wirklich gut, den ganzen Tag die Kunden zu beraten und ihnen etwas Passendes zu verkaufen. Ich bin wirklich mit Leib und Seele Verkäuferin. Ab und zu lerne ich auch ein paar nette Leute etwas näher kennen, und man kann sich auch oft ganz gut unterhalten. Ich könnte zum Beispiel nicht den ganzen Tag nur an einer Kasse sitzen, das würde mich total langweilen. Und es gibt auch noch viele andere langweilige Jobs, bei denen man zum Beispiel ganz alleine im Büro sitzen muss. Mit Menschen, das ist einfach abwechslungsreich und macht Spaß."

„Aber es gibt doch bestimmt keine tiefschürfenden Unterhaltungen", vermutet Gerd.

Sabine lacht. „Nein, das muss aber auch gar nicht sein. Man kann sich über dies und jenes mal unterhalten, auch schon mal über die neuesten Nachrichten oder das, was so überall in der Welt passiert. Ab und zu erzählen die Kunden auch einmal etwas aus dem Nähkästchen. Ich brauche das einfach, ein bisschen Abwechslung und zwischendurch mal ein nettes Gespräch."

„Wenn dir das alles wirklich so großen Spaß macht, dann müssen wir aber eine andere Lösung finden, und zwar gegen deine müden Füße. Es gibt bestimmt noch bequemere Schuhe für dich. Ich werde mich gleich morgen einmal erkundigen, damit dir die müden Beine nicht den Spaß verderben."

„Du bist ein Schatz!" freut sie sich. „Aber am schönsten ist doch eben abends das Heimkommen zu dir.

*

Anke ist Briefträgerin und beliefert mit dem Dienstauto mehrere nahe beieinander liegende Dörfer. Ihr Freund Tim ist Kurierfahrer. Beide sind tagsüber viel unterwegs.

Am Abend sitzen sie mit dem Holzkohlengrill auf dem Balkon und genießen den Sommerabend.

„Wir hatten heute wieder viel Stress", berichtet er. „Viele Empfänger sind tagsüber nicht zu Hause, da musste ich ganz schön herumrennen, um alles in der Nachbarschaft zu verteilen.

„Das ist zum Glück bei mir nicht ganz so schlimm gewesen", erzählt Anke. „Hier in den Dörfern geht es noch etwas entspannter zu. Heute hat mir sogar eine nette Frau einen Kaffee zur Stärkung angeboten. Eine andere schenkte mir Pralinen, und eine Weitere gab mir 10 Euro Trinkgeld. Zwar kann man heutzutage nicht mehr so lange Gespräche führen wie vor ein paar Jahren, aber ich finde meinen Beruf immer noch ziemlich abwechslungsreich und freue mich über den Kundenkontakt. Da hast du es nicht so gut,

Tim. Für ein Gespräch fehlt bei deinen Kurierfahrten wirklich die Zeit."

Er legt die Bratwürstchen auf den Grill. „Das stimmt. Wenn der Zeitdruck nicht so schlimm wäre, und die Bezahlung etwas besser, hätte ich auch nichts gegen meinen Job einzuwenden. Das Autofahren macht mir Spaß, ich bin gern unterwegs. Das wird mir nicht langweilig."

„Das geht mir genauso", gesteht ihm Anke. „Ich konnte als Kind schon nicht stillsitzen und war immer bei den Nachbarskindern, mal hier und mal da. Meine Mutter konnte mich überall mit hinnehmen. Ich habe mich überall wohl gefühlt, überall, wo etwas los war."

„Und ich war mit Freunden immer mit den Fahrrädern unterwegs. Drinnen, im Zimmer, das war auch nichts für mich. Und auch heute möchte ich meinen Sportverein nicht missen."

„Gut, dass du das sagst, Tim. Meine beiden Freundinnen Claudia und Gabi wollen mich am Freitag mitnehmen. Da hat eine Bekannte eine Yogagruppe gegründet, und wir sind zum Schnupperkurs eingeladen. Das muss ich unbedingt ausprobieren."

Tim lacht. „Das wäre nichts für mich. Aber wenn es dir Spaß macht. Warum nicht?! Anschauen kannst du dir das ja mal. Und wenn es dir keinen Spaß macht, dann lässt du es eben wieder."

*

Konrad ist Versicherungsvertreter. Nach seiner Scheidung war er lange allein. Vor kurzem hatte er in einem Internetportal

Renate kennen gelernt, mit der es sich heute zum ersten Mal in einem Café trifft.

„Wie ist das denn so in Ihrem Beruf?" erkundigt sich die Friseurin. „Es macht Ihnen bestimmt genauso viel Spaß wie mir, den Kontakt mit vielen Kunden zu pflegen?"

Konrad stimmt ihr zu. „Ja, ich könnte kein einsamer Maurer sein oder in einem Hinterzimmer arbeiten. Der Kontakt mit den Menschen ist mir wichtig. Eine gute und manchmal auch gepflegte Konversation gehört einfach in meinen Tagesablauf. Und wie ist das so bei Ihnen? Sie sind doch bestimmt auch so eine Art Mutter Theresa für ihre Kunden."

Renate lächelt. Ja, ich bin schon oft so eine Art Kummerkasten. Aber es macht eben auch Spaß, die Kontakte zu pflegen. Bei Ihnen stelle ich mir das allerdings etwas schwerer vor. Da gehört doch auch

Verkaufstalent dazu, um erfolgreich zu sein. Und man hat doch bestimmt nicht immer einen guten Tag."

„Da haben Sie Recht. Es ist nicht ein Tag wie der andere. Es gehört schon ein wenig Geschick dazu und natürlich auch Empathie, um sich in die Kunden hinein zu versetzen."

„Und wie ist das mit dem Druck? Müssen Sie manchmal Ihre Kunden auch zu etwas überreden, oder genügt es, sie zu überzeugen."

„Glücklicherweise habe ich es mit der Betreuung eines Kundenstammes zu tun. Da muss ich einfach nur kompetent beraten, und das reicht schon. Tatsächlich kenne ich meine Klienten schon ziemlich lange, und sie kennen mich und vertrauen mir. Da gibt es auch die eine oder andere nette Unterhaltung. Es wird mir nie langweilig."

Renate lächelt. „Mir geht es genauso. Es ist kein Tag wie der andere. Natürlich gibt es in jedem Beruf anstrengende oder schwarze Tage. Aber insgesamt bin ich mit meinem Beruf sehr zufrieden."

„Ich auch", stimmt er ihr zu. „Aber jetzt, nachdem wir auch schon so viel miteinander kommuniziert haben, können wir beide zum privaten Du übergehen."

Sie lächelt und nickt. „Einverstanden."

*

Linus ist freier Journalist bei einer kleinen Zeitung. Auf viele Interviews, die er führt, freut er sich, denn er schreibt hauptsächlich über den Bereich Kunst und Kultur. Heute trifft es sich mit einer Autorin. Er lässt sich von der gepflegt aussehenden Dame einiges aus dem Leben berichten und schaut sich ihre Kurzbiografie an. Anschließend blättert er die Bücher durch, die sie ihm zur Ansicht mitgebracht hat. „Das ist ja eine ganze Menge Infomaterial", freut er sich. „Damit kann ich einen ausführlichen Artikel schreiben. Wie kommen Sie immer auf Ihre Ideen?"

„Die fliegen mir einfach so zu. In meinem Kopf ist immer etwas los. Die Gedanken kreisen und gehen auch ihre eigenen Wege. Einen Schalter zum Ausknipsen gibt es da nicht. Aber wie ist es denn bei Ihnen? Sie schreiben doch auch gern und viel. Haben Sie nicht einmal daran gedacht, ein Buch zu schreiben. Neulich habe ich ein paar Artikel von Ihnen gelesen, und ich finde, dass ihr Schreibstil sehr gut ist."

„Ich glaube, meine Fantasie ist nicht so groß", bekennt er. „Ich schreibe lieber über

Fakten und Tatsachen. Das ist dann gewissermaßen mein Aufhänger. Aber ich glaube, es ist auch nichts für mich, so tagelang an der Schreibmaschine oder am Computer zu sitzen. Da fehlen mir dann auch die Geduld und das Sitzfleisch. Ich bin lieber öfter einmal unterwegs, auch so an verschiedenen Einsatzorten. Da macht es mir dann Freude, mich mit unterschiedlichen Menschen zu treffen und verschiedene Persönlichkeiten kennenzulernen."

„Ja, das ist wahr. Das muss sehr interessant sein für Sie, und vor allen Dingen auch abwechslungsreich. Während ich mit meinen Romanen beschäftigt bin, ziehe ich mich in mein kleines Reich zurück und brauche die Stille. Dann möchte ich mich konzentrieren und empfinde sogar das Telefon als störend und lästig. Und zwar so lange, bis mein neuer Roman fertig geschrieben ist. Erst danach trete ich eine neue Reise in die Umgebung an, um wieder neue Ideen und Inspirationen zu tanken."

Er sieht sie aufmunternd an. „Dann wünsche ich Ihnen für Ihr nächstes Werk viel Erfolg!"

Sie bedankt sich. „Das wünsche ich Ihnen ebenfalls. Und ich bin sicher, dass Sie einen guten Artikel schreiben werden. Als empathischer Mensch wird Ihnen das sicher nicht schwer fallen."

„Ja, das gehört auch zu meinem Beruf dazu. Ich versuche die Menschen zu verstehen, über die ich mich öffentlich äußere. Alles Gute für Sie!"

*

Fazit

Sabine, Anke, Konrad und Linus, sind geistig bewegliche Menschen. Sie denken und kommunizieren viel. Sprache und Kontakte sind ihnen oft wichtig, sie lieben die Abwechslung und die geistige Beweglichkeit.

Oft sind sie vielseitig interessiert und von Natur aus neugierig. Gern erweitern sie ihren Horizont, sind häufig unterwegs, besonders, um zu kommunizieren, zu vermitteln oder zu beraten.

Das setzen die hier in den Beispielen genannten Personen auch in ihrem Beruf um und sind daher auch erfolgreich und zufrieden. Der Kontakt zu den Mitmenschen ist ihnen wichtig, das Gespräch ein Bedürfnis.

B Du bist mir wichtig

Alexa besucht ihre Freundin Johanna, die als Eheberaterin arbeitet und sehr beschäftigt ist. Die beiden Frauen sitzen auf der Terrasse des hübschen Reihenhauses, in dem Johanna und ihr Mann Jens wohnen.

„Erzähl mir doch mal etwas von deiner spannenden Arbeit!" bittet Alexa. „Wie vielen Paaren verhilfst du täglich zu neuem Glück?"

Johanna stöhnt. „Das ist nicht so einfach, wie du dir das vorstellst. Ich kann den Paaren ja nicht einfach gute Ratschläge geben. Die würden sie sowieso nicht befolgen. Ich führe die Gespräche meist nur dahin, dass sie sich besser verstehen, mit dem, was sie fühlen und denken."

„Also hast du jetzt keine tollen Storys für mich? Und ich dachte, du bekämst jeden Tag einen großen Blumenstrauß von denen, die sich wieder gefunden haben."

Johanna lacht. „Das wäre schön, aber so ist das leider nicht. Und Wunder kann ich auch keine vollbringen. Ich versuche natürlich, mich in beide Partner hinein zu versetzen. Oft ist es so, dass einfach nur jeder seinen eigenen Standpunkt vertritt, aber sich nicht gut emotionslos verständigen kann. Beide Partner haben irgendwie Recht, finden aber keinen Weg zu einem Kompromiss. Meine Aufgabe ist es dann, jeden von ihnen ein Stück auf dem Weg voranzubringen, damit sie sich dann an einer Kreuzung treffen."

„Aber kannst du denn dabei wirklich unparteiisch sein? Passiert es dir da nicht, dass du einen Klienten sympathischer findest als den anderen?"

„Doch, natürlich. Aber meine Emotionen dürfen in diesem Augenblick keine Rolle spielen. Ich versuche, jeden einzelnen Partner ernst zu nehmen und erwarte das dann auch von den Klienten."

„Dann musst du viel Empathie haben", vermutet Alexa. „Schade, und ich hatte so gehofft, dass du mir eine große Geschichte erzählen kannst, in der sich Hänsel und Gretel nach der dritten Scheidung wieder in eine vierte Ehe trauten. Ist dir so etwas noch nie passiert?"

Johanna schüttelte den Kopf. „Das gehört wohl eher nach Hollywood. Ich bin schon froh, wenn meine Klienten die Therapie nicht gleich nach der zweiten Sitzung abbrechen. Und wie sieht es bei dir aus? Hast du da vielleicht Bedarf?"

„Nein. Momentan bin ich noch frisch verliebt. Aber vielleicht werde ich irgendwann einmal auf dich zurückkommen, falls ich mir das leisten kann."

Die attraktive Eheberaterin lächelt und scherzt: „Ich werde dir gleich einen Gutschein ausstellen, für eine kostenlose Beratung. Schließlich sind wir doch Freundinnen."

*

Miriam ist Modedesignerin und geht mit ihrer Freundin Stella, einer Finanzbeamtin im Stadtpark spazieren. Der Sonnenschein lockt sie an einen großen Brunnen, auf dessen Rand sie sich setzen.

„Was machen deine tollen Entwürfe?" erkundigt sich Stella. „Arbeitest du gerade an der neuen Winterkollektion?"

Miriam liegt eifrig. „Genau, und ich habe momentan eine wahnsinnig kreative Phase. Ich hatte schon die Idee zu zwei ganz besonderen Wintermänteln und einem Abendkleid. Meine Chefin ist mit mir sehr zufrieden."

„Woher du nur immer deine Fantasie nimmst!" staunt Stella. „Du entwirfst dauernd so schöne Sachen. Hast du da nie eine Pause?"

„Selten. Ich habe immer den Wunsch, die Welt etwas schöner zu machen, etwas hübscher etwas angenehmer, manchmal auch etwas friedlicher."

Stella lächelt. „Ach ja, ich weiß. Das merke ich auch immer, wenn ich bei dir zu Hause bin. Da steht hier noch eine Kerze und dort noch ein Engelchen und überall findet man noch ein kreatives i-Tüpfelchen."

„Ja, denn ich bastele zu Hause auch noch kleine Geschenkartikel, mit denen ich anderen Menschen eine Freude machen kann. Mit einem Lächeln ist die Welt doch viel angenehmer. Und man kann doch auch alles friedlich regeln, wenn man möchte."

Stella verzieht das Gesicht. „Leider nicht. Du kennst doch bestimmt das Sprichwort: Es kann der Frömmste nicht in Frieden leben, wenn es dem bösen Nachbarn nicht gefällt. Da kannst du noch so viele kleine Kuchen backen und verschenken. Die Welt ist nicht so harmlos wie du."

„Aber ich versuche es wenigstens, sie ein bisschen angenehmer und hübscher zu machen. Ich denke einfach, man muss die Menschen verstehen, und dann geht alles schon ein bisschen leichter."

„Das klappt bei mir im Steuerbüro nicht, da gibt es nichts zu beschönigen, auch wenn das sich mancher bei seiner Steuererklärung vielleicht so vorstellt. Da geht alles ganz reell zu, nach Gesetzen und Tabellen. Das ist eine sehr realistische Welt", findet Stella.

Miriam seufzt. „Da bist du ganz anders als ich. Deine Welt existiert zwar auch, aber ist bei weitem nicht so angenehm wie die, in der ich lebe. Unsere beiden Welten sind notwendig, jede hat ihre Berechtigung, aber zum Glück haben viele Menschen die Möglichkeit, ihren Weg selbst zu wählen."

Stella lacht. „Gut, was hältst du denn jetzt davon, wenn wir den nächsten Weg gemeinsam wählen? Ich schlage vor, wir nehmen den, der in die nächste Pizzeria führt."

„Eine gute Wahl", stimmt Miriam zu.

*

Jens ist Mediator und geht in seinem Beruf auf. Seine Frau Teresa, die sich ganztägig mit den 2-jährigen Zwillingen beschäftigt, macht sich Sorgen um ihren Mann.

„Du siehst heute sehr müde aus", findet sie und reicht ihm nach dem Abendessen einen Tee.

„Ach, das ist nicht so schlimm", wehrt er ab. „Heute gab es einige Fälle, bei denen ich noch nicht viel erreicht habe. Die Meinungen der einzelnen Parteien sind noch verhärtet. Keiner will auf den anderen zugehen.

Niemand ist kompromissbereit, jeder hat den eigenen Vorteil im Auge."

„Hoffentlich geht das nicht auf deine Gesundheit", befürchtet sie. „Wenn du dich da so sehr hinein versetzt, kann dich das auch sehr belasten. Du sorgst dich um die Sorgen der anderen, ich fürchte, das macht dich krank."

„Nein, so schlimm ist das nicht. Natürlich mache ich mir Gedanken, das ist auch mein Job. Aber irgendwann lasse ich dann auch wieder davon ab und entspanne mich. Es ist ja auch nicht ein Tag wieder andere. Oft habe ich dann am Ende doch Erfolg. Vieles bringt auch Geduld und Abwarten. Der Mensch ist ein Gewohnheitsstier und braucht oft viel Zeit, Neues zuzulassen. Es gibt Dinge, die man im Leben auch aussitzen kann, allerdings fehlt den meisten die Geduld dazu."

„Du kriechst wirklich sehr in deine Klienten hinein", überlegt Teresa. „Die Menschen können sich gar nicht vorstellen, wie viel Energie du ihnen schenkst. Sie müssten dir viel dankbarer sein. Mit deinem großen Verständnis, deiner Empathie und deiner Klugheit arbeitest du so umfassend wie ein Rechtsanwalt. Ich finde, das machst du großartig."

Er lächelte dankbar. „Du bist nicht weniger großartig. Du kümmerst dich am Tag in jeder Minute um unsere quirligen Zwillinge, und dabei bemerkst du immer noch, dass ich sehr eingespannt bin und mir zeitweise Sorgen mache. Das heißt also, dass du genauso empathisch bist wie ich. Ich glaube, wir sind ein gutes Paar."

„Jedenfalls besitzen wir mit unserer Veranlagung eine gute Voraussetzung dafür, dass wir immer wieder versuchen werden, uns in den Partner hinein zu versetzen."

Er nickt und freut sich. „Ja, denn auch in einer Ehe muss man ständig wachsen und immer offen für den Partner sein. Wie schön, dass wir uns da einig sind. Dann habe ich heute doch noch ein Erfolgserlebnis gehabt."

*

Melanie ist Schauspielerin und hat ihre erste Rolle in einem Kinofilm bekommen. Ihr Bruder Tom neckt sie. „Ich habe mir deine Texte mal durchgelesen. Du musst ja eine richtige Zicke spielen. Hast du keine Angst, dir damit das Image zu verderben?"

Die Schwester schüttelte energisch den Kopf. „Auf gar keinen Fall. Mit dieser Rolle werde ich einen Durchbruch erleben. Du wirst sehen, damit werde ich berühmt."

Er lacht. „Mit so einer Rolle? Alle werden dich hassen, du spielst doch eine richtige Bitch. Damit kannst du dich doch nicht beliebt machen. An deiner Stelle würde ich sie ablehnen und auf eine neue Rolle warten."

„Wo denkst du hin? So eine Gelegenheit bekomme ich so schnell nicht wieder. Wenn man eine echte Schauspielerin ist, kommt es nicht darauf an, ob du eine schöne oder liebe Person spielst. Es kommt darauf an, ob du eine Rolle gut verkörpern kannst. Du musst dich in die Person hineinversetzen, quasi in sie hineinkriechen."

„Du willst also versuchen, eine Hexe zu sein? Eine widerliche Zicke? Wie willst du das denn machen? Willst du dir das dann bei anderen erst einmal anschauen oder üben?"

„Da musst du dir keine Sorgen machen. Ich hatte schließlich 3 Jahre lang Schauspielunterricht und spiele nicht zum ersten Mal eine unangenehme Person. Ich versetze mich einfach mental in eine solche Person hinein, und dann klappt das eben."

„Du meinst also, wenn du es so willst, dann verwandelst du dich von einer netten Person im Handumdrehen in ein Ekel? Das hört sich ja so an, als hättest du überhaupt keinen Charakter."

„Ich glaube jeder Mensch hat in seinem Inneren auch eine dunkle Seite, Tom. Und ich kann mir auch gut vorstellen, wie sich die Menschen fühlen, die im Inneren disharmonisch, unausgeglichen und aggressiv sind. Ich habe eben viel Vorstellungskraft, natürlich auch eine gute Beobachtungsgabe. Das schaffe ich schon, du wirst es sehen."

Der Bruder sieht sie skeptisch an. „Na, da bin ich aber mal gespannt. Da wirst du mich schon noch überzeugen müssen, denn bis jetzt kann ich mir das noch nicht vorstellen. Aber eines sage ich dir auf jeden Fall: Bilde dir nicht ein, du könntest dann zu mir auch immer ekelhaft sein. Es könnte ja sein, dass du dich an diese Eigenschaft gewöhnst."

Sie lacht. „Keine Sorge, Brüderchen. So schnell, wie ich in eine Rolle hinein schlüpfe, so schnell schlüpfe ich auch wieder hinaus. Es ist so, als ob ich ein Kostüm aus- und anziehen würde, und genauso schnell geht es auch."

Er grinst. „Na gut. Dann wünsche ich dir viel Erfolg, kleine Bitch!"

*

Fazit

Johanna, Mirjam, Jens, Theresa und Melanie sind Menschen mit sehr viel Empathie, Fantasie und Vorstellungskraft. Ihnen gelingt es leicht, sich in andere Menschen hinein zu versetzen. In den verschiedenen Berufen können sie ihre Veranlagung nutzen und sich dabei selbst verwirklichen. Sie haben Glück, Berufe gefunden zu haben, in denen ihre Potenziale gebraucht werden. Ansonsten hätten sie nach Möglichkeiten suchen müssen, ihre Eignung in einem Bereich des Hobbys oder einer Nebentätigkeit unterzubringen.

Johanna, Miriam, Jens Theresa und Melanie haben Wünsche nach Harmonie, einer friedlichen und schönen Welt, die ein Teil unserer Realität ist und entwickelt werden sollte. Ihr Wunsch ist es, die Welt zu verbessern.

*

C Ich probiere gern etwas Neues aus

Antje arbeitet im Bereich der Medien, als Betreuerin der Kleindarsteller in einem großen Filmstudio.

Eine Komparsin spricht sie an. „Wie gefällt dir eigentlich dein Job hier? Hast du es hier nicht oft mit eingebildeten Schauspielerinnen zu tun, die sich einbilden, eine große Diva zu sein?"

Antje schüttelte den Kopf. „Ach, solche Leute gibt es natürlich auch, aber nur selten. Die meisten hier sind sehr umgänglich, und wir haben hier immer viel Spaß. Es gefällt mir, immer neue Menschen kennenzulernen und die Personen dann hier auch zu betreuen. Es ist ein total interessanter Job."

„Ja, das kann ich mir vorstellen. Hier ist die Arbeit jeden Tag anders. Immer neue

Gesichter, und immer neue Projekte. Das wäre vielleicht auch noch etwas für mich, denn als Komparsin werde ich nur selten eingesetzt und verdiene nicht genug Geld. Welche Eigenschaften muss ich denn hier noch aufweisen, wenn ich mich hier bewerben will?"

Antje lacht. „Nun, erst einmal musst du ein ganz normaler Mensch sein, der weiß, wie er sich zu seinen Mitmenschen zu verhalten hat. Du musst natürlich höflich sein und solltest wissen, wie man mit den verschiedensten Typen umgehen muss. Wenn du freundlich und gut gelaunt bist, hilft dir das auch weiter. Flexibel musst du auch sein, denn wie du schon sagtest, kein Tag ist wie der andere und kein Mensch ist wie der andere. Dann solltest du natürlich auch gute Ideen haben, die kannst du hier immer wieder einbringen."

Die Komparsin horcht auf. „Das hört sich wirklich interessant an. Ich glaube, diese Eigenschaften besitze ich auch alle. Vielleicht sollte ich dann doch umsatteln. Was meinst du dazu?"

Antje lächelt. „Das musst du schon selbst entscheiden. Wenn du darauf wartest, einmal als große Schauspielerin entdeckt zu werden, dann bleib lieber bei deinem jetzigen Job. Aber letzten Endes gilt auch hier: Probieren geht über studieren."

*

Beatrice verabschiedet sich von ihrem Studienkollegen Niels, der als Journalist ins Ausland geht. Sie stehen gemeinsam am Flughafen in der Wartehalle.

Beatrice seufzt. „Ich kann es immer noch nicht verstehen, dass du nach Amerika gehst. So weit weg! Hier bei uns hättest du bestimmt auch genug Arbeit gefunden.

„Ganz sicher. Ja, ich weiß. Aber das ist wirklich nichts für mich. Ich bin ein unruhiger Geist, und mich zieht es in der Welt umher. Genau deswegen habe ich diesen Beruf auch erlernt. Du musst nicht denken, dass ich dort lange bleibe, denn ich brauche die Abwechslung. Und dann muss ich immer mittendrin sein im Geschehen."

Sie nickt. „Ja, leider. Ich kenne dich ja nun auch schon lange genug. Schon als Kind hattest du keine Ruhe und warst auf allen Partys zu Hause. Und auch sonst warst du überall dabei, in jedem Verein und in jeder Gesellschaft, immer da, wo viel los war, und wo viele Menschen sind. Und das hat sich bis heute nicht geändert. Das ist nur schwer zu verstehen. Ich bin ein Mensch, der eine Heimat braucht, ein Zuhause, und der auch ganz feste Freundschaften mit wenigen Personen sucht, ja, und natürlich eine gute enge Zweierbeziehung. Aber das war ja bei dir bisher auch noch nicht drin."

Er sieht sie bedauernd an. „Ja, Beatrice. Das ist leider so. Vielleicht hast du insgeheim gehofft, dass aus uns beiden einmal ein Paar wird. Aber ich bin einfach ein Mensch, der seine Freiheiten braucht, viele Freiheiten. Und manchmal weiß ich heute nicht, was ich morgen tun werde. Ich mag es nicht, lange voraus zu planen. Ich bin ein spontaner Mensch, der flexibel ist und sich immer wieder nach neuem Input sehnt. Deswegen zieht es mich auch so sehr in fremde Länder."

„Ja, inzwischen habe ich das so akzeptiert, auch wenn ich es nicht verstehe. Wir sind halt zu verschieden. Aber eines tröstet mich doch, auch wenn aus uns kein Paar geworden ist, so werden wir doch immer Freunde sein."

Er nimmt sie in den Arm und drückt sie fest.

„Gute Freunde!"

*

Stefan ist Elektriker von Beruf, am Abend sitzt er vor dem Computer und tüftelt an verschiedenen Programmen. Seine Schwester Kerstin sucht ihn auf und schlägt ihm vor: „Hast du keine Lust, heute Abend mit in die Disco zu gehen?"

„Keine Zeit!" wehrt er ab. „Ich habe heute noch viel zu tun, ich muss für einige Freunde noch etwas fertig machen. Und dann treffe ich mich auch noch mit Henry zum Volleyball spielen."

Kerstin stöhnt. „Nie hast du für mich Zeit. Immer musst du nur etwas für Fremde machen. Sind dir deine Freunde denn wichtiger als deine eigene Schwester?"

„Heute geht es einfach nicht, heute habe ich zu viele Termine. Am Samstag können wir gemeinsam mal etwas machen."

„Das sagst du jedes Mal. Immer wieder versprichst du mir das, aber dann hältst du es nie. Und dauernd kommt dir wieder irgendetwas dazwischen. Du bist so zerstreut, immer wieder vergisst du alles."

„Ach Quatsch! Du übertreibst mal wieder. Einmal habe ich etwas vergessen, und einmal ist mir etwas dazwischen gekommen. Aber meine Freunde sind mir eben wichtig, das musst du doch verstehen. Kannst du dir denn nicht selbst noch ein paar Freunde anschaffen?"

„Ich habe ja auch meine Freunde. Aber ab und zu möchte ich doch auch einmal etwas mit meinem Bruder unternehmen. Wir sind doch schließlich Geschwister. Außerdem ist es völlig anomal, wie du lebst. So viele Freunde! So viele Nebenjobs, und außerdem bist du noch in 2 Sportvereinen. Das kann doch kein Mensch aushalten!"

„So bin ich eben, liebes Schwesterlein. Das solltest du akzeptieren. Wir sind eben sehr verschieden, wie das bei Geschwistern manchmal so ist. Ich brauche die Abwechslung und vor allem meine Freunde. Aber halt dir schon mal den Samstag fest! Da gehen wir dann zusammen in die Disco. Versprochen!"

„Ich nehme dich beim Wort. Und ich werde dich an der Hundeleine dorthin schleppen, wenn du dich diesmal nicht an dein Versprechen hältst", droht sie ihm scherzhaft.

„Das mit der Leine kannst du vergessen. Das würde niemand schaffen."

*

Dorothea ist Radiosprecherin, nebenbei kümmert sie sich um verschiedene Hilfsprojekte. Ihr Mann Ben beschwert sich, als sie ihm kurzfristig mitteilt, dass sie am Abend nicht zu Hause sein wird. „Ich hatte mich so auf einen gemeinsamen Abend mit dir gefreut. Jetzt wird es langsam Zeit, dass du auch wieder einmal an uns denkst!"

„Keine Sorge, Liebling! Ich denke doch immer an uns, aber heute Abend geht es wirklich nicht. Es ist doch eine

Wohltätigkeitsveranstaltung, bei der ich auftauchen muss. Mein Erscheinen ist wirklich sehr wichtig."

„Das war es gestern auch bei dieser Sitzung und vorgestern auch bei der Eröffnungsgala. Wir haben doch gar nichts mehr voneinander, können kaum noch ein ruhiges Gespräch miteinander führen. Ich denke, wir müssen mal darüber sprechen, wie das so weitergehen kann."

„Aber Liebling! Du weißt doch, dass man mich überall braucht. Ich habe doch einige Organisationen ins Leben gerufen, die jetzt auch betreut werden müssen. Das läuft eben nicht alles so von allein, da muss ich mich auch weiter drum kümmern. Aber es ist doch auch alles für einen guten Zweck. Das weißt du doch! Es gibt immer Menschen, die Hilfe brauchen. Und dann muss es die geben, die sich auch einsetzen. Und davon gibt es leider nicht genug."

„Das verstehe ich auch alles", gibt er zu. „Aber du kannst nicht alles allein tun. Du musst auch delegieren! Lass andere auch einmal etwas tun. Im Moment bist du wirklich dabei, dich zu verzetteln. An jeder Ecke machst du irgendetwas. Es ist einfach zu viel. Für uns beide bleibt keine Zeit."

„Das ist nun mal im Moment so, das musst du doch verstehen, Ben. Uns beiden geht es gut, dann müssen wir einmal zurückstecken, wir sind momentan nicht so wichtig. Aber vielen anderen Menschen geht es schlecht, sehr schlecht, denen muss ich helfen."

„Natürlich, das verstehe ich auch. Aber du übertreibst es momentan etwas, das könnte auch deiner Gesundheit schaden. Du bist immer nur in Hektik."

„Ich finde diese Hektik gut, ich brauche das so. Ich fühle mich lebendig, wenn ich über all die Fäden in der Hand habe und in den verschiedenen Richtungen nachschaue, ob alles läuft. Für uns wird auch noch eine Zeit kommen. Warte nur ein bisschen, bald habe ich auch andere Menschen angeleitet, die mir einige Arbeit abnehmen können. Dann haben wir etwas mehr Ruhe. Aber es ist wichtig, dass du verstehst, dass ich mich noch nie so gut gefühlt habe wie jetzt im Augenblick. Wenn du mich also liebst, dann gönnst du mir das!"

Er zieht die Augenbrauen hoch. „Natürlich liebe ich dich, deswegen mache ich mir auch Sorgen um dich und auch ein bisschen um unsere Partnerschaft. Ich werde dich jetzt erst einmal ein bisschen schalten und walten lassen und gebe dir alle Freiheiten dafür, ein paar Wochen. Aber bitte, vergiss uns nicht!"

Fazit

Antje, Stefan, Nils und Dorothea sind Menschen, die spontan sind und ihre Freiheit benötigen. Sie sind flexibel und offen für Anregungen, Neuerungen und Veränderungen. Oft sind sie in der Lage, in einer Art Multitasking beruflich und/oder privat zu handeln. Eine Portion gesunder Stress macht ihnen nichts aus. Sie brauchen viel geistige, oft auch körperliche Bewegung. Manchmal meiden sie zu enge Beziehungen und halten sich lieber in einem größeren Freundes- oder Bekanntenkreis auf. Kommunikation in verschiedenen Formen ist ihnen wichtig.

*

Unkonzentrierte und hyperaktive Kinder dieses Typs

Zu diesem beweglichen Typ findet man häufig etwas zerstreute Kinder, die vieles anfangen, aber nur wenig zu Ende bringen. Ihr spontanes Interesse an Neuem ist groß, wird aber schnell wieder durch Langeweile nach kurzer Zeit abgelöst. Ausprobieren und wiederholte Abbrüche von Begonnenem sind typisch. In der Regel brauchen diese Kinder viel sportliche Betätigung, um körperliche Unruhen abzubauen und einen Ausgleich für Ruhezeiten zu schaffen, in denen Konzentration geübt werden sollte. Unter diesem Typ findet man Kinder, die sich in der eigenen Familie nicht zu Hause, sondern fremd fühlen. Zum Vorteil gestaltet es sich später für sie, dass sie sich in fremder Umgebung schnell eingewöhnen können und auch schnell Kontakte schließen. Häufig reisen sie gern und fühlen sich auf der ganzen Welt zu Hause.

Typ 4 Der sensible und soziale Typ und seine Temperamente

A Ich suche Sicherheit und Geborgenheit

Lena ist Tierarzthelferin und ist sich ganz sicher, den richtigen Beruf gefunden zu haben. Tieren zu helfen, das ist ihre Passion, sie spürt, dass es ihr gut tut. Sie findet darin ihre Erfüllung. Vor kurzem hat sie einen neuen Partner gefunden.

Robert möchte mit ihr zusammenziehen, aber Lena hat noch Bedenken.

„Meine Wohnung ist groß genug. Du kannst zu mir ziehen", bietet er ihr an, und sie antwortet ihm, dass sie es sich überlegen will.

Kurze Zeit später spricht Lena mit ihrer Freundin Valentina und erzählt ihr von Roberts Angebot.

Die Freundin ist begeistert. „Das ist doch ein tolles Angebot. Sicherlich kannst du auch Geld dabei sparen Das Angebot würde ich sofort annehmen. Wann willst du umziehen? Wenn du willst, kann ich dir dabei helfen."

Lena zögert. „Mir ist nicht ganz wohl dabei. Ich habe Bedenken. Was ist, wenn es mit uns nicht gut geht?"

Valentina reißt die Augen auf. „Was ist los? Liebst du ihn nicht? Liebt er dich nicht?"

„Er ist schon mein Traummann", gesteht sie. „Aber ich bin mir nicht sicher, ob er mich auch so liebt, wie ich ihn."

„Warum nicht? Was macht er verkehrt?"

„Eigentlich nichts. Er fragt mich immer bei allem, was ich möchte. Er nimmt viel

Rücksicht auf mich. Er schenkt mir Blumen, und er kocht oft für mich."

„Das hört sich doch gut an. Wie lange kennt ihr euch jetzt?"

„Erst seit 4 Monaten, aber wir sehen uns jeden Tag. Wir verbringen jeden Abend zusammen, sobald wir beide mit der Arbeit fertig sind, und das Wochenende genießen wir auch, besonders gemeinsam in der Natur, die wir lieben."

„Dann habt ihr auch die Natur als gemeinsames Hobby? Da passt doch schon eine ganze Menge. Aber wovor hast du Angst?"

„So genau weiß ich das selbst nicht. Es ist in mir nur so ein unsicheres Gefühl. Ich fürchte mich, dass alles zu Ende sein könnte. Dass er mich nicht so liebt, wie ich ihn. Dass ich dann plötzlich allein und ohne Wohnung dastehe. Es sind mehr so Ängste, aber auf der anderen Seite der Wunsch nach einer starken Geborgenheit. Ich denke einfach, meine Ansprüche sind zu hoch. Da sollte ich lieber allein in meiner Wohnung bleiben."

„Vielleicht ist dein Selbstbewusstsein nicht gut genug, vielleicht bist du auch schon zu oft enttäuscht worden und hast viele negative Erfahrungen gemacht. Das ganze Leben ist ein Risiko, und manchmal muss man auch etwas einsetzen. Wenn du herausfinden willst, ob er dich wirklich auf Dauer so liebt wie du ihn, dann solltest du es einfach ausprobieren. Und eine Wohnung findest du bestimmt, notfalls, wenn es doch nicht klappt. Alles das, was du über ihn erzählst, klingt doch sehr vielversprechend. Was ist er denn sonst für ein Typ? Ein zuverlässiger?"

Lena nickt. „Ja, das ist es ja gerade. Meine Ängste sind auf den ersten Blick unbegründet. Er ist seit Jahren schon bei derselben Firma beschäftigt, war bisher immer pünktlich und zuverlässig. Ich habe wirklich keinen Grund, nach außen hin. Sogar seinen Eltern hat er mich schon vorgestellt, und die mögen mich."

„Dann hilft da nur noch eines: die Konfrontationstherapie. Ins kalte Wasser springen, das ist es! Manche Dinge muss man eben einfach probieren."

Lena nickt. „Gut, wenn du es so siehst. Aber vielleicht werde ich auch noch einmal mit ihm reden, ob er nicht noch etwas wartet, bis ich mich sicherer fühle. Wenn er mich wirklich liebt, wird er auch warten."

*

Katharina ist Hebamme. Als sie nach Hause kommt, hat ihr Freund Leo schon gekocht.

„Oh, hier duftet es wunderbar", findet die junge Frau. „Was hast du für uns gekocht?"

„Heute nichts Besonderes. Nur Spaghetti mit einer italienischen Kräutersauce. Das ging schneller, denn ich bin auch eben erst nach Hause gekommen. Wie war dein Tag heute?"

„Das war eben eine schnelle Geburt bei einer sehr jungen Mutter. Trotzdem bin ich ganz zuversichtlich, dass das Baby gut bei ihr aufgehoben ist. Man hat es ihr angemerkt, wie sehr sie sich auf das Baby gefreut hat, und sie war auch sehr behutsam mit dem Neugeborenen. Stell dir vor, sie meinte, weil ich bei ihr war, hätte sie überhaupt keine Angst empfunden." Leo lächelt seine Frau an. „Das kann ich gut verstehen. Du strahlst eine Geborgenheit aus, die man spürt. Und deswegen hast du als Hebamme auch den richtigen Beruf ergriffen. Deine

Ausstrahlung ist wirklich beruhigend. Als ich dich kennenlernte, hatte ich auch sofort Vertrauen zu dir."

„Offensichtlich liegt das bei uns in der Familie", vermutet Katharina. „Wir sind vom Typ her etwas fürsorgliche, mütterliche Typen. Bei meiner Mutter habe ich mich auch immer so gut gefühlt. Und diese Geborgenheit habe ich auch gebraucht, sie hat mir in der Kindheit Sicherheit gegeben. Und ich glaube, das kann ich glücklicherweise weitergeben."

„Auf jeden Fall, das bestätigen dir auch immer deine Patienten", findet Leo.

„Aber jetzt muss ich dir auch noch etwas sagen", wendet sich die Hebamme an ihren Freund. „Du bist zwar einen Mann, aber genau diese Geborgenheit finde ich auch bei dir. Du hast die gleiche fürsorgliche, ja vielleicht väterliche Ausstrahlung, die mir hier ein Heim gibt, die mir hier abends so viel Gemütlichkeit spendet."

Er schenkt ihr ein vielsagendes Lächeln. „Dann haben wir beide ja jetzt ein richtiges Heim. Und ich kann mir vorstellen, dass es auch einmal ein warmes Plätzchen sein wird, wenn wir einmal ein eigenes Baby bekommen. Wie war das noch mal mit dem Klapperstorch?"

Lena lacht. „Oh, dem habe ich schon Bescheid gesagt und bereits Zucker und Salz auf die Fensterbank gestellt."

*

Janosch hat einen kleinen Antiquitätenladen, der zu seiner Zufriedenheit läuft. Einiges von dem Geld spart er, um im Alter sorglos leben zu können.

Seine Lebensgefährtin besitzt ein Kosmetikstudio, sie versucht des Öfteren, ihren Partner dazu zu überreden, dass er sich auch in der Gegenwart etwas mehr leistet.

„Hast du Lust, mit mir am Wochenende nach Wien zu fahren?" schlägt Nina ihrem Partner vor.

„Das kostet doch so viel Geld", findet er.

„Die Reise ist schnell wieder vergessen, aber in meiner Kasse ist dann ein großes Loch."

„Ach Unsinn!" schimpft sie. „Im Augenblick sind wir noch gesund, noch können wir reisen. Wer weiß, wie es mit uns im Alter aussieht, und ob wir da noch gesund genug sind. Was ist denn bloß los mit dir? Warum willst du immer jeden Cent sparen?"

Er runzelt die Augenbrauen. „Dass du das nicht verstehen kannst! Geld bedeutet für mich Sicherheit. Und Sicherheit ist etwas gegen Ängste. Wenn ich genug Geld da liegen habe, muss ich mir keine Sorgen machen, wenn etwas Unvorhergesehenes passiert."

„Aber du hast doch schon genug Geld gespart. Wenn du ein bisschen davon wegnimmst für einen schönen Wochenend-Urlaub, dann wird das deine Zukunft schon nicht gefährden. Wovor hast du denn nur solche Angst? Ich bin ja auch noch da und habe mein Geld, ich kann ja notfalls auch helfen."

„Ich kann es dir nicht erklären. Ich fühle mich unsicher, wenn Geld fehlt."

„Wie war das denn bei dir früher? Als du klein warst, hat denn da Geld gefehlt?"

„Nicht direkt. Wir hatten nicht viel Geld, es wurde immer viel gespart, aber wir hatten auch keine Not. Meine beiden Eltern sind sehr viel arbeiten gegangen, waren immer unterwegs, und ich war dann viel allein, manchmal bei meiner Tante und öfters bei den Großeltern."

„Dann wird mir schon einiges klar, Janosch. Es war gar nicht mal so das Geld, das euch gefehlt hat, sondern hauptsächlich die Geborgenheit eines gemütlichen Elternhauses. Wenn deine Eltern viel unterwegs waren, konnten sie sich nicht so gut um dich kümmern. Und wenn du viel allein warst, hast du sie vermisst und vielleicht auch manchmal Ängste gehabt.

Und nun begegnest du deinen Ängsten, indem du dir mit Geld einen dicken Sparstrumpf anschaffst. Ich werde dir helfen, deine Ängste abzulegen, denn mit mir zusammen kannst du dich geborgen fühlen. Wir teilen unsere Sorgen und notfalls auch unser Geld."

„Und was ist jetzt mit dem Urlaub? Willst du wirklich nach Wien?"

„Natürlich. Und ich verspreche dir, dass du es hinterher nicht bereust, dafür ein bisschen Geld abgezweigt zu haben."

*

Andreas ist alleinerziehender Vater von 3 Kindern. Als Informatiker hat er sein Büro im eigenen Haus und kann sich seine Zeit weitgehend selbst einteilen. Seine Frau ist vor einiger Zeit gestorben, und seitdem hat er noch nicht wieder an eine neue Partnerin gedacht.

Heute ist seine Schwester Rike zu Besuch und möchte, dass er sich einmal noch einer Partnerin umsieht.

„Viele Leute finden heute schon im Internet ihre Partner", weiß sie. „Warum willst du nicht einmal dort nach einer netten Frau suchen?"

„Ich brauche doch keine Frau", behauptet er. „Die Kinder und ich, wir sind eine glückliche Familie."

„Ach, Unsinn!" schimpft sie. „Du lebst doch wirklich auf dem Mond. Ein Mann in deinem Alter braucht eine Frau. Und die Kinder könnten auch ganz gut eine Mutter gebrauchen. Deine 3 Söhne müssen sich schon einmal mit dem weiblichen Geschlecht befassen."

„Sie sind doch in Schulen, in denen es ganz viele Mädchen gibt. Mit denen sind sie doch fast täglich zusammen. Und Lehrerinnen haben sie auch. Ab und zu bringen sie auch Mädchen mit nach Hause, das verbiete ich ihnen gar nicht."

„Das wäre auch noch schöner. Aber das ist natürlich nicht dasselbe. Wovor hast du

Angst? Dass dir eine Frau in deine Erziehung pfuscht?"

„Natürlich nicht. Ich weiß selbst aus unserer Kindheit, dass es gut war, so unterschiedliche Eltern zu haben. Das macht uns flexibel. Aber ich habe es aufgegeben, nach der richtigen Partnerin zu suchen, weil ich nicht die Richtige gefunden habe. Das waren alles so mondäne Püppchen, die sich immer nur schön machen und ausgehen wollten. Aber finde du mal eine Frau, die 3 fremde Söhne großziehen möchte, und das auch noch als schön empfindet!"

„Natürlich ist das nicht einfach, die Richtige zu finden. Aber solange du nicht suchst, passiert gar nichts. Es gibt so viele verschiedene Menschentypen. Und es gibt auch die mütterlichen Frauen, die anderen Menschen gern Geborgenheit bieten. Du bist schließlich auch so ein Typ als Mann, das ist auch nicht immer der Fall. Da haben die Kinder mit dir schon einmal richtig Glück gehabt. Es gibt auch Frauen, die selbst keine Kinder bekommen können, sich aber trotzdem welche wünschen. Da würde ich zuerst einmal ansetzen."

„Und wie soll ich solch eine Frau finden?"

„Es gibt heute sehr seriöse Portale, in denen man ehrliche Partner finden kann. Der Vorteil daran ist, dass du dort genau angeben kannst, was du suchst. Und du wünschst dir für deine 3 Rabauken eine Frau, die Geborgenheit ausstrahlt. Vielleicht wünschst du dir das auch etwas für dich selbst, nachdem du so lange allein warst."

Er zögert. „Und du meinst, das sollte ich wirklich machen? Kannst du dir denn vorstellen, dass so etwas klappt?"

Sie lacht. „Und wenn wir jetzt gleich unseren Kaffee ausgetrunken haben, dann setzen wir uns gleich an deinen Computer und geben für dich eine schöne Suchanzeige raus."

„Was? Gleich heute?"

„Natürlich. Jetzt bin ich gerade hier bei dir, und jetzt haben wir noch Zeit, bevor deine 3 Trabanten gleich nach Hause kommen. Hier, nimm noch einen Kaffee! Damit kannst du dir noch etwas Mut antrinken."

*

Fazit

Lena, Katharina, Janosch und Andreas sind sensible Menschen, die sich Geborgenheit und Sicherheit wünschen und danach streben. Echte Sicherheit findet man nicht im Außen, sondern in einer gefestigten Gemütslage, oder, wie viele Menschen, auch im Glauben.

Sicherheit hat unter anderem auch mit Selbstvertrauen zu tun.

Dieser leicht ängstliche Menschentyp braucht eine geborgene, möglichst friedliche und ruhige Atmosphäre zum Wohlfühlen. Ein Teil dieses Menschentyps fühlt sich wenig anerkannt, manche nicht ausreichend geliebt, unsichere Verhältnisse in der Kindheit sind oft prägend.

*

B Die Welt ist voller Probleme

Hella ist Psychologin und arbeitet als Psychotherapeutin. Ihre eigene Kindheit zeigte ihr früh, wie grausam das Leben sein kann. Der Vater kam früh durch einen Autounfall ums Leben, die Mutter starb wenig später an einer unheilbaren Krankheit. Bei Verwandten aufgewachsen lernte Hella, dass man sich im Leben häufig durchbeißen muss. Ihre eigenen Erfahrungen fügte sie zu ihrem Studium der Psychologie hinzu und ist nun imstande, vielen Menschen bei Problemlösungen zu helfen.

Sie ist sehr erfolgreich im Beruf, hat aber, wie es ihre Freundinnen nennen, immer wieder Pech mit Partnern.

Heute sitzt Hella mit ihrer Freundin Karin in einem kleinen Weinlokal.

„Bist du noch immer mit Andreas zusammen?" erkundigt sich die Freundin. „Ich kann mich noch gut daran erinnern, dass du erzähltest, dass er dir gar nicht gut getan hat."

„Richtig. Er hatte noch einige unverarbeitete Traumata aus seiner Kindheit. Leider ist er auch nie zu einem Therapeuten gegangen, er fand das unmännlich, und so ist er dann oft ganz unvermittelt aggressiv geworden. Nachdem ich gemerkt habe, dass ich ihm nicht helfen konnte, habe ich mich von ihm getrennt."

„Und jetzt? Bist du im Moment solo?"

„Nachdem ich dann noch ganz kurz jemanden kennen gelernt habe, der so eine Art Heiratsschwindler war, bin ich nun seit 4 Wochen mit einem Kollegen zusammen. Er ist auch Psychotherapeut und arbeitet als Gutachter. Das ist schon ganz merkwürdig, wenn wir beide über die Probleme anderer Menschen sprechen. Aber immerhin, es sind nicht unsere Probleme."

„Immerhin, du bleibst beim Thema", bemerkt Karin lächelnd. „Irgendwie scheint einen das Schicksal immer wieder einzuholen. Ich bin ja ein Scheidungskind und selbst auch schon zweimal geschieden. Und im Augenblick bin ich mit einem Scheidungsanwalt liiert."

Hella staunt. „Dann kann ich uns beiden nur wünschen, dass wir unsere Themen jetzt im Griff behalten werden."

*

Niklas ist Kommissar bei der Kriminalpolizei. Er ist geschieden und neu verheiratet und hat eine Tochter aus erster Ehe, mit der er heute einen Zoo besucht.

Lorena interessiert sich für den Beruf des Vaters. „Ich finde das total spannend, was du auf der Arbeit machst. Du bist so eine Art Detektiv und kannst knifflige Fälle lösen. Ich glaube, das wäre auch ein Beruf für mich."

Sie gehen an dem Löwengehege vorbei. „Spannend ist es schon", gibt er zu. „Aber natürlich auch gefährlich. Es ist oft nicht so, wie es in den Kriminalfilmen im Fernsehen gezeigt wird. Oft ist es viel brutaler und manchmal auch traurig. Und natürlich haben wir auch nicht so viel Erfolg, da gibt es jede Menge ungeklärte und ungelöste Fälle."

„Und warum hast du dir dann diesen Beruf ausgesucht, wenn er oft gar nicht so befriedigend ist?" möchte seine Tochter wissen.

„Es ist mir natürlich ganz wichtig, Menschen zu helfen. Es sollte für mich auf jeden Fall ein sozialer Beruf sein. Und ich hatte das Gefühl, dass ich mich dazu eigne, Probleme lösen zu können. Aber wie hart das natürlich dann wirklich wurde, das habe ich nicht geahnt."

„Willst du denn lieber etwas anderes machen? Du könntest doch umschulen und irgendetwas lernen, wobei du mehr Spaß hast", schlägt Lorena vor.

„Inzwischen habe ich mich schon darein gefunden. Ich kann mit alledem jetzt auch umgehen. Und inzwischen habe ich auch sehr nette Kollegen, mit denen man auch einmal vernünftig reden kann. Das tut auch immer gut, wenn es komplizierte Fälle zu lösen gibt."

„Ja, das ist auch blöde an deinem Beruf, du darfst ja nicht einmal zu Hause darüber etwas ausplaudern. Dann musst du ja immer alles mit dir selbst ausmachen. Aber Mama hat es auch nie gefallen, dass du mit ihr nicht über deinen Beruf sprechen konntest. So eine Schweigepflicht es ganz schön blöd. Wie ist es denn heute mit der Romy? Kann sie denn verstehen, dass du mit ihr nicht über alles redest, was dich bedrückt?"

„Am Anfang war es auch für Romy sehr schwierig, das zu verstehen. Sie sieht dann einfach nur, wenn ich schlecht gelaunt bin und weiß nicht warum."

„Magst du sie denn lieber als Mama?"

„Weißt du, es ist immer wieder anders. Ich habe deine Mama auch sehr geliebt, aber wir haben uns dann doch auseinander gelebt. Ich hoffe, dass ich es jetzt alles mit Romy besser mache. Man lernt ja immer wieder dazu, in jeder neuen Partnerschaft und mit jedem neuen Menschen, den man kennenlernt."

„Das werde ich später einmal anders machen", entscheidet Lorena. „Wenn ich einmal heirate, dann soll es für immer sein."

*

Herbert öffnet eine Flasche Wein, füllt zwei Gläser und reicht eines seiner Frau.

„Dann wollen wir einmal auf dich anstoßen!" schlägt er vor.

Die Gläser klingen zart aneinander. „Danke, dass du so viel Verständnis für mich hast", findet Melli. „Das hätte bestimmt nicht jeder Ehemann in der gleichen Situation."

„Ich verstehe dich", versichert ihr Herbert. „Du bist ein Mensch, der Probleme lösen kann, und der sich für etwas Wichtiges einsetzt. Deswegen habe ich dich auch bei deiner Wahl als Bürgermeisterin unterstützt.

Es ist mir wichtig, dass du das tust, was dir am Herzen liegt und wozu du dich eignest."

„Das ist schön, dass du das sagst. Denn du musst eine ganze Reihe Opfer dafür bringen. Ich werde nicht mehr so viel Zeit für uns haben, auch nicht für dich. Ich habe in Zukunft sehr viel Arbeit, da bin ich auf deine Unterstützung angewiesen."

„Das versteht sich von selbst, das habe ich auch vorher gewusst und werde dich im Haushalt und im Garten auf jeden Fall unterstützen. Ich bin stolz auf meine kluge und tüchtige Frau."

„Ich hoffe, du fühlst dich nicht hinten angestellt", sie wirft ihm einen etwas zweifelnden Blick zu. „Es könnte sein, dass du manchmal ein bisschen in meinem Schatten stehst, so wie ein Prinzgemahl. Viele Männer wollen auch in der heutigen Zeit noch ein bisschen der Wichtige und

Stärkere in der Partnerschaft sein. Hast du damit wirklich keine Probleme?"

Herbert lacht. „Solange du hier im Haus und in unserer Ehe nicht alles bestimmst, stehe ich voll hinter dir. Deine politischen Ambitionen respektiere ich vollkommen und auch alles, was damit zusammenhängt. Schau doch einmal nach England, dort gibt es auch nur eine Königin und keinen König. Was dort in der Monarchie möglich ist, das kann mit Sicherheit auch bei uns machbar sein."

Dankbar umarmt sie ihn und küsst ihn. „Vielleicht beneiden mich einige um mein zukünftiges Amt. Aber ich bin ganz sicher, dass mich viele um meinen verständnisvollen Mann beneiden werden."

*

Manfred arbeitete viele Jahre lang in einer Autowerkstatt. Als er wegen einer Allergie seine Arbeit aufgeben musste, und man ihm eine Stelle im Büro gab, wurde er krank und litt immer häufiger an Depressionen. Lange Behandlungen folgten, die nur wenig fruchteten.

Nachdem sich seine Frau scheiden ließ, ging es mit seiner Gesundheit weiter bergab, sodass er schließlich aus der Arbeit ganz ausscheiden musste. Manfred litt weiterhin an Depressionen und sah nur wenig Sinn in seinem Leben.

Als Frührentner lernte er die Krankenschwester Delia kennen, die erkannte, dass er ein Mensch war, der vom Typ her herausfordernde Arbeit brauchte. Zunächst beschäftigte sie ihn in ihrer eigenen Familie mit kleineren Aufgaben, bei denen er sich beweisen konnte. Als es ihm besser ging, kümmerte sie sich gemeinsam mit Manfred um Jugendliche, die aus sozialschwachen Familien stammten. Mit der Unterstützung von einer Therapeutin wurde Manfred völlig gesund und engagiert sich bis heute mit großem Elan und viel Energie für gefährdete Jugendliche.

*

Fazit

Niklas, Hella, Manfred und Melli gehören zu den Menschen-Typen, die häufig schon in der Kindheit an Probleme herangeführt wurden und sie in ihren Alltag integrierten. Das befähigt sie auch dazu, sich später für die Probleme anderer Menschen zu interessieren. Sie sind empathisch und hilfsbereit, stellen besondere Anforderungen an sich selbst und wollen häufig alles geben. Mutig und furchtlos kämpfen sie mit Schwierigkeiten.

Tragisch wird es jedoch, wenn dieser Menschentyp zu einer stereotypen oder langweiligen Arbeit verdonnert oder sogar zum Nichtstun gezwungen wird. Stimmungen bis hin zu tiefen Depressionen können die Folge sein.

Hier sollte man außer an geeignete Behandlungen auch daran denken, diesem Menschentyp zu einer sinnvollen Beschäftigung zu verhelfen.

C Auf der Suche nach einer heilen Welt

Gabriele hat lange nach einem geeigneten Beruf gesucht. Als Jugendliche hat sie sich viel in sozialen Bereichen engagiert, einige Praktika im medizinischen Bereich absolviert. Heute hat sie ein Gespräch mit Philipp, ihrem Patenonkel.

„Dieser ganze medizinische Bereich ist nichts für mich, Philipp", beschwert sie sich. „Ich kann einfach nicht zusehen, wie Menschen körperlich so leiden. Und dann fiel es mir auch sehr schwer, Blut zu sehen. Und an solche Dinge wie die Pathologie darf ich schon gar nicht denken. Dazu bin ich einfach nicht geeignet, ich glaube, bei einem solchen Anblick werde ich ohnmächtig."

„Ich habe es mir gleich gedacht, dass die Medizin nicht so viele geeignete Bereiche für dich   bereithält", findet der Onkel.

„Allerdings hatte ich mir vorgestellt, dass du eine gute Psychotherapeutin sein könntest. Schließlich kannst du sehr gut mit Menschen umgehen und hast viel Verständnis, und auch eine ganze Menge Empathie."

„Ja, die Kommunikation ist mir immer ein großes Bedürfnis. Ich habe immer den Wunsch, anderen Menschen etwas zu erzählen, ja, manchmal sogar, ihnen etwas beizubringen, etwas zu vermitteln. Deswegen wollte ich ja früher immer Lehrerin werden. Aber dann habe ich festgestellt, dass das auch nichts für mich ist. Einfach nur Wissen zu vermitteln, das erfüllt mich nicht. Es ist nicht genug."

„Und jetzt? Hast du denn jetzt eine neue Idee?"

„Ja, und genau darüber möchte ich mit dir sprechen."

„Du machst mich neugierig, Ela. Was ist das? Was hast du ausgetüftelt?"

„Ich bin eigentlich dahin geführt worden, Philipp. Als ich neulich im Krankenhaus lag, da war ich manchmal völlig verzweifelt. Und in diesem Moment habe ich angefangen zu beten. Gemeinsam mit mir im Krankenzimmer lag dann eine ältere Dame, die sehr verzweifelt war. Dann habe ich ihr auf einmal von Gott erzählt, und sie hat mir zugehört und danach ging es ihr besser. Von diesem Augenblick an wusste ich, dass ich allen Leuten von Gott erzählen muss. Ich habe die lebendige Religion für mich wiederentdeckt und möchte sie auch anderen Menschen vermitteln. Ob du es jetzt glaubst oder nicht, ich möchte Pfarrerin werden."

Philipp sieht sie staunend an. „Das ist natürlich jetzt ein ganz neuer Gedanke, an den ich mich erst einmal gewöhnen muss.

Aber schließlich willst du ja nicht Nonne werden, das würde mich schon etwas beunruhigen."

Gabriele lacht. „Natürlich nicht. Als Pfarrerin kann ich heiraten und Kinder bekommen. Ich kann ein ganz normales Leben führen. Aber ich weiß nun wirklich, dass dieser Beruf für mich einen Sinn ergibt. Seit ich das weiß, fühle ich mich ganz glücklich und sehe meinen Weg ganz klar vor mir. Und was sagst du nun dazu, nachdem du dich etwas erholt hast?"

„Du konntest schon immer gut reden. Und wenn du selbst davon überzeugt bist, hast du auch die Möglichkeit, andere Menschen zu überzeugen. Ich sehe schon, es ist dir ganz ernst damit. Ich nehme deine Wünsche auch ernst und rate dir, es einmal mit dem Theologiestudium zu versuchen."

*

Wendelin sollte die Firma seines Vaters übernehmen und als Heizungsbauer arbeiten. Zwar absolviert er seine Lehre und beginnt auch eine weitere Ausbildung, aber dann wird er schwer krank. Mit Bandscheibenschäden muss er seine Arbeit unterbrechen. Einige Operationen folgen, teilweise begleitet von etwas depressiven Phasen, und nach einem längeren Krankenhausaufenthalt schickt man ihn in eine Rehaklinik. Dort lernt er Justus kennen, einen jungen Musiker.

Wendelin erinnert sich daran, dass er auf den Wunsch seiner Großmutter hin, als Kind einige Jahre lang Klavier gespielt hat und entdeckt für sich die Musik neu. Plötzlich entwickelt sich in Wendelin wieder Lebensfreude, die Depressionen verschwinden.

Nach der Reha bleiben Wendelin und Justus in Verbindung und gründen ein musikalisches Duo. Wendelins Vater ist mit diesen Entwicklungen nicht zufrieden, er kann nicht verstehen, dass sich sein Sohn so ganz vom Heizungsbau abwendet. Er hofft, ihn, wenn schon nicht als aktiven Arbeiter, dann doch wenigstens als verantwortlichen Chef in der Firma unterbringen zu können. Zwischen Wendelin und seinem Vater kommt es zu einem großen Streit, nach dem der Sohn aus dem elterlichen Haus auszieht und mit Justus eine WG eröffnet. Die beiden jungen Männer spielen zu kleinen Veranstaltungen und verdienen sich zusätzlich etwas Geld mit leichten Nebenjobs.

Als Wendelins Vater in einem Neffen einen geeigneten Nachfolger für seine Firma findet, versöhnt er sich mit seinem Sohn und überredet ihn gemeinsam mit der Mutter zu einem Musikstudium.

Tatsächlich wird der junge Mann darauf wieder vollkommen gesund und verdient als Klavierlehrer sein Geld. Gemeinsam mit Justus besteht das musikalische Duo viele Jahre lang. Mit 40 entdeckt Wendelin, dass er noch andere Fähigkeiten hat. Er macht eine Ausbildung zum Musiktherapeuten und hilft seinen Mitmenschen, durch und mit Musik gesund zu werden.

*

Kevin ist Krankenpfleger und mit Linda, einer Krankenschwester verheiratet. Beide lieben ihren Job und haben trotz des häufig vorkommenden Stresses viel Freude daran, anderen Menschen zu helfen.

Oft sind sie abends sehr müde und sehen sich dann von der Couch oder vom Bett aus verschiedene Filme im Fernsehen an, bis sie ermüdet einschlafen. Am Wochenende besuchen sie die Verwandtschaft oder unternehmen kleinere Ausflüge.

Das geht eine ganze Weile so, aber Linda merkt immer mehr, dass sich in ihr eine Unzufriedenheit ausbreitet.

An einem Abend lässt die junge Frau den Fernseher aus und wendet sich an ihren Mann. „Wir müssen dringend miteinander reden. Irgendwie geht das so nicht weiter. Jeden Abend vor dem Fernseher, das nervt. Ich fühle mich nicht ausgefüllt. Es fehlt etwas in meinem Leben."

„In meinem nicht", findet er. „Ich bin abends müde, wenn ich nach Hause komme. Ganz abgesehen davon, dass wir ja auch Schichtdienste haben, die alles bei uns noch durcheinander bringen. Da bin ich dann froh, wenn es ein paar ruhige Fernsehabende gibt."

„Das ist auf Dauer nichts für mich", entscheidet Linda.

„Aber was willst du denn?" erkundigt sich Kevin. „Willst du etwa nach der Arbeit noch tanzen gehen?"

„Nein. Das wäre dann eher etwas für das Wochenende. Wir könnten mal ein paar Spiele machen zur Abwechslung."

„Das ist nichts für mich", findet Kevin. „Dazu habe ich dann abends auch keinen Nerv mehr."

„Wir könnten etwas Musik machen. Du hast doch früher immer Gitarre gespielt. Und ich spiele ganz gut Mundharmonika. Meinst du nicht, das könnte uns beiden Spaß machen?"

„Du könntest mal mit einer deiner Freundinnen ausgehen", schlägt Kevin vor. „Dann hast du etwas Abwechslung."

„Die haben auch abends selten Zeit. Und so richtig fit für große Unternehmungen fühle ich mich auch nicht."

„Du könntest es mal mit einem kreativen Hobby versuchen", schlägt er vor. „Du hast früher doch so gern gemalt. Und ich erinnere mich auch, dass du gut getöpfert hast und allerlei Handarbeiten hergestellt hast. Vielleicht findest du da wieder etwas, das dir Spaß macht."

Linda sieht ihn zweifelnd an. „Na ja, dann werde ich wohl morgen mal in ein Bastelgeschäft gehen und mir da etwas Material kaufen. Vielleicht finde ich tatsächlich etwas, das mir Freude macht. Aber wie steht es denn mit dir? Willst du nicht auch mal zwischendurch ein bisschen aktiv werden."

„Nein, mir fehlt wirklich nichts. Momentan jedenfalls nicht. Vielleicht gerate ich später auch einmal in solch eine Phase wie du. Warten wir es ab."

Am anderen Tag geht Linda zum Einkaufen. Am Abend packt sie vor Kevins Augen eine große Tüte aus. Er bestaunt eine Staffelei und Leinwände, Malfarben und Bastelsets für Modeschmuck. Nach dem gemeinsamen Abendessen macht sich die junge Frau an die Arbeit. Während er fernsieht, vertieft sie sich in die Malerei und spürt, wie in ihr eine Zufriedenheit aufsteigt.

In den nächsten Monaten entdeckt sie noch weitere kreative Fähigkeiten in sich, aus denen sie Hobbys macht. Erst vier Jahre später, als sie von einer Tante ein altes Häuschen erben, entdeckt auch Kevin eine kreative Ader in sich und legt sich eine Werkstatt zu.

In ihr entsteht als Erstes eine hölzerne Wiege für das gemeinsame Baby Jonathan.

*

Margit ist Lehrerin und unterrichtet die Fächer Deutsch, Englisch und Geschichte.

Nach ihrer Scheidung von einem Steuerberater schließt sie sich einem Frauenkreis an, dem Frauen aus verschiedenen Berufen und Altersklassen angehören. Es zeigt sich bei den Treffen, dass jede von ihnen ein besonderes Hobby hat, mit dem sie ihre Freizeit sinnvoll gestaltet. Da gibt es eine Biologielehrerin, die in ihrer Freizeit Kräuter züchtet und Kräuter sammelt, da gibt es Angelika, die

Rezepte aus allen Ländern ausprobiert, sie sammelt und an andere weiterleitet, da gibt es Claudia, die mit Klangschalen anderen zur Entspannung verhilft, da gibt es Johanna, die nach einem Töpferkurs alle Freunde mit Keramik versorgt, da gibt es Lilo, die zauberhafte Blumengestecke anfertigt, da gibt es Kirsten, die mit Massagen anderen Menschen zur Entspannung verhilft, da gibt es Therese, die Zeichnungen und Aquarelle anfertigt, da gibt es Luisa, die Klavier spielt, da gibt es Monika, die Mützen und Schals strickt, es gibt Wanda, die Modeschmuck anfertigt und Babsi, die Früchte trocknet und Liköre herstellt und es gibt noch Jana, die aus wunderschönen Fotografien Kalender und Postkarten anfertigt.

Margit ist ratlos. Sie hat bis jetzt noch kein Hobby gefunden. In der Schule hat sie ihr Bestes gegeben, zu Hause im Haushalt ebenfalls. Die Kinder sind nun groß und wohnen mit ihren Familien weiter entfernt, man sieht sich nur zu den Geburtstagen.

Die Frauen des Kreises lassen ebenfalls ihrer Fantasie freien Lauf und versuchen, für Margit ein geeignetes Hobby zu finden. Zum Nachdenken finden sie die Zeit bei Spaziergängen und Wanderungen, die sie gemeinsam im fröhlichen Beisammensein unternehmen.

Es dauert einige Wochen, und nichts geschieht. Niemand hat eine Idee zu einem für Margit geeigneten Hobby.

Und dann, nach vielen Wochen ist es soweit, Margit lädt die Freundinnen in ihre Wohnung ein. Es ist Herbst, und die Gastgeberin verwöhnt die Frauen des Kreises mit Kuchen und aromatischem Tee. Zur Dämmerstunde bei Kerzenschein erleben die Freundinnen eine Premiere: Die

Lehrerin hat ihr Talent entdeckt. Sie ist Märchenerzählerin geworden und unterhält ihre Gäste mit spannenden Geschichten, die sie gekonnt vorträgt.

Das gefällt nicht nur den anwesenden Frauen. In den Wochen danach erhält Margit etliche Einladungen zu Veranstaltungen und Familienkreisen, bei denen ihr neu entdecktes Hobby gefragt und erwünscht ist. Sie hat eine neue Lebensphase für sich begonnen und beginnt, sich wohler zu fühlen.

*

Fazit

Margit, Gabriele, Wendelin, Kevin und Linda sind sensible und emphatische Menschen mit einer sozialen Veranlagung.

In vielen von ihnen schlummern kreative Potenziale, die gefunden und geweckt werden müssen, um zu einer sinnreichen Gestaltung des Lebens zu werden. Manche Empathie und Kreativität kann man in einem Beruf unterbringen, viel Kreativität ist oft auch für einen Nebenberuf oder ein Hobby geeignet.

*

Introvertierte und ängstliche Kinder

Die Kinder dieser Gruppe sind in der Regel eher ruhig und zurückhaltend, teilweise introvertiert. Einige von ihnen sind vorsichtig, manche ängstlich und schüchtern. In der Kindheit haben viele von ihnen traumatische Erlebnisse, manche auch schwere Verluste zu verarbeiten. Das Elternhaus scheint (oft nach Empfinden und dem Bedürfnis des Kindes) wenig Geborgenheit, manchmal auch wenig Halt zu bieten. In einigen Fällen mangelt es tatsächlich an Sicherheit und Geborgenheit.

*

KLEINER TEST

Diese 48 Beispiele - wir sind Mischtypen, aber das Mischungsverhältnis ist unterschiedlich...

Die 48 Beispiele zeigen Menschentypen von unterschiedlichem Temperament und mit verschiedenen Gemütslagen, die ihr grundlegender Charakter beinhaltet.

Wir haben die körperlich aktiven Menschentypen A, die Bewegung und/oder Sport benötigen, um sich adäquat auszuleben,

wir haben die temperamentvollen unternehmungslustigen Typen B, die für eine Idee oder Sache brennen und Verantwortung brauchen.

Außerdem haben wir den kommunikativen Menschen C in verschiedenen Formen kennengelernt, der sich in einer sprachlichen Betätigung im zwischenmenschlichen Bereich wiederfinden kann,

und wir haben den empathischen, sozialen und kreativen Menschentypen D kennengelernt, der seine Potenziale im Dienste der Menschheit oder auf den schöpferischen Ebenen finden kann.

In diesen Beispielen sind Menschentypen herausgearbeitet, deren Hauptpotenziale klar erkennbar sind. Die meisten Menschen sind allerdings Mischtypen, dennoch gibt es hervorstechende Merkmale und unterschiedliche Mischverhältnisse.

Wenn man sein eigenes Mischverhältnis erkannt hat, kann man nun Prioritäten setzen und sich je nach Größe des Potenzials unterschiedlichen Arbeiten oder

Beschäftigungen suchen, bzw. das entsprechende Umfeld gestalten.

Hier wird nun der eine oder andere Leser einwenden, die Umsetzung nach dem Erkennen in ein lebenswertes, verändertes Lebensumfeld sei in der heutigen Zeit kaum durchführbar, da man nicht so einfach nach Lust und Laune den Beruf wechseln kann.

Ein berechtigter Einwand, dennoch ist ein Berufswechsel manchmal aus gesundheitlichen Gründen unerlässlich. Letztendlich sollte man in entscheidenden Fällen auch auf etwas Geld verzichten und lieber einen Beruf ausüben, der besser passt.

Sollte man im Haupt-Beruf keine Möglichkeit zum Wechsel haben, ist es unerlässlich die Hobbys, die Freizeitbeschäftigung anzupassen.

*

WIR TESTEN UNS

Wenn wir uns selbst über unsere grundlegenden Potenziale nicht klar sind, sie nicht alle kennen und erkennen können, bietet es sich an, einen Test zu probieren.

Wer ganz genau sein möchte, notiert sich zu jedem der 48 unter ABC und D angeführten Beispiel eine Punktezahl.

Es gibt 5 Punkte, für jedes Beispiel, mit dem wir uns vollständig identifizieren können.

Es gibt 2 Punkte für jedes Beispiel, in dem wir uns teilweise wiederfinden.

Es gibt 0 Punkte für jedes Beispiel, in dem wir uns gar nicht wiederfinden.

Nach Beurteilung der 48 Beispiele werden die Punkte unter ABC und D jeweils zusammengezählt.

Beispiel: Max Mustermann hat unter A
7 Punkte

unter B
2 Punkte

unter C
4 Punkte

unter D
2 Punkte

Damit hat er ein durchaus übliches Mischungsverhältnis.

Er hat eine aktive und kommunikative Veranlagung, die Aktivität überwiegt sichtbar, damit gehört er eher zu den beweglichen Menschen.

Seine Kreativität und Empathie sind vorhanden, ebenso der Wunsch nach einer gewissen Grundordnung.

Max Mustermann sollte also für sich herausfinden, ob er sein Aktivität-Bedürfnis und seine Kommunikationsfreudigkeit genügend nutzen kann. Ist dies nicht der Fall, sollte er sich überlegen, was in seinem Leben fehlt. Ist es der Sport? Ist es die Bewegung an der frischen Luft? Sind es Unternehmungen mit anderen Menschen?

Jetzt braucht er nur noch ein bisschen Mut, für sich die verschiedenen Möglichkeiten auszuprobieren (siehe auch letztes Kapitel).

*

Sich finden in der Religion

Das Wort „Religion" bedeutet Rückverbindung.

Wenn wir uns mit dem Sinn des Lebens beschäftigen, fragen wir uns, warum dieses Leben hier endlich ist. Wir fragen uns: Was war mit unserer Seele, mit unserem Geist vor unserer Geburt? Und wir fragen uns: was wird mit unserer Seele, mit unserem Geist nach unserem Tod?

Die Gläubigen gehen davon aus, dass dieses Leben mit seiner Endlichkeit, seinen Aufgaben und Prüfungen den Sinn hat, die Seele wachsen und den Geist trainieren zu lassen. Und plötzlich ergeben auch alle Schwierigkeiten, alle Probleme einen Sinn.

Wir sollen uns beweisen und zeigen, was wir auf dieser schönen, aber unvollkommenen

Erde, erreichen und bewegen können, trotz immer wiederkehrender Schicksalsschläge.

Menschen, die an einen Gott glauben, wissen, dass Gott sie nach seinem Ebenbild geschaffen hat. Das bedeutet, dass in jedem Menschen ein göttlicher Funke wohnt, mit dem wir sehr viel erreichen können.

Als sein Ebenbild hat er uns zum Hüter dieser Erde eingesetzt, in dem Moment, als er uns den Verstand und das Verantwortungsgefühl gab.

Als Gottes Ebenbild ist der Mensch mit vielen großen Potenzialen ausgestattet, die ihm helfen können, einen Lebensweg derart zu gehen, dass man seinen Platz findet und trotz aller Schwierigkeiten sein Bestes geben kann.

Es ist hilfreich zu wissen, dass wir unsere Schicksale selbst mit gestalten und Unterstützung erhalten, wenn wir unsere

Aufgaben akzeptieren und Probleme annehmen, anstatt frustriert vor ihnen zu fliehen. Überstandene Aufgaben lassen unsere Seele reifen und führen zu mehr Menschlichkeit und manchmal sogar zur Weisheit.

Im Laufe der Evolutionsgeschichte hat sich der Mensch vom Überlebenskünstler zum sozial fühlenden Menschen entwickelt. Dies ist ein Hauptanliegen seiner Reise auf dieser Erde.

Seit unzähligen Jahren wurde uns Menschen übermittelt, dass man sich in der Religion, in seiner Rückverbindung im Gebet mit Gott verbinden kann, um Erleichterungen während der schwierigen Phasen des Lebens zu erfahren.

Je stärker die Verbindung zu Gott ist, desto mehr Kräfte können in uns wachsen.

Wenn wir beten, treten wir in eine Verbindung, die außerhalb der irdischen Bereiche liegt. In unserer menschlichen Vorstellungskraft finden wir am besten das Beispiel eines Geräts, das mithilfe eines Kabels und eines Steckers an den elektrischen Strom angeschlossen wird.

So wie bei dem Beispiel der Strom fließt, können wir im Gebet einen verbindenden Kraftstrom spüren, der uns stärkt, der uns aber auch je nach Intensität neue Erlebnisse im Gefühlsbereich und neue Erkenntnisse bringt.

Über die Kraft des Betens wurde bereits viel geschrieben, unter anderem auch in meinen Büchern „Darum ist beten so gesund" (in der die Vielfalt und die Möglichkeiten des Betens beschrieben sind) und „Licht für deinen Tag".

Wer sich darauf einlässt, kann seine individuellen Erfahrungen machen, auch hier gibt es Menschentypen, denen dies schwerer und denen es leichter fällt, ein Gottvertrauen herzustellen.

Die hier im Buch genannten Typen A und B haben es in der Regel etwas schwerer, sich den unsichtbaren und immateriellen Dingen zuzuwenden, während es den Menschentypen C und D in der Regel leichter fällt durch ihre vorhandene Kreativität, Vorstellungskraft und Fantasie, an alles Unsichtbare, und besonders an Gott zu glauben.

Wer an einen Gott glaubt, ist sich sicher, dass alle Wege und das Schicksal von Gott bestimmt sind, insoweit, dass er uns in die entsprechenden Situationen führt. Dort haben wir dann die Möglichkeit, eigene Entscheidungen zu treffen und die Probleme auf unsere Art und Weise anzugehen, mit oder ohne Gottes Hilfe.

Wer sein Vertrauen in Gott gefunden hat, hat es leichter, den Lebensweg zu gehen und den Sinn in allem zu finden. Er kann auch Probleme gelassener sehen und weiß, dass er auf Hilfe zurückgreifen kann, die er aus seiner speziellen Rückverbindung zu Gott erbeten kann.

Aus meiner eigenen Lebenserfahrung kann ich hinzusetzen, dass das Leben auf diese

Art und Weise auch unzählige kleine und große Wunder zu bieten hat, die mit dem Verstand nicht zu erklären sind. Wer sich auf diese feste Verbindung zu Gott verlässt, hat Möglichkeiten, sich an einen besonderen Kraft-Quell anzuschließen und dem Leben neue positive Seiten abgewinnen zu können.

Allen, die es noch nicht versucht haben, rate ich, sich irgendwo in der Natur ein ruhiges Plätzchen zu suchen oder auch in eine Kirche mit einer heiligen Atmosphäre zu gehen und dort einmal ein Gespräch mit Gott anzufangen. Man kann es spüren, er hört uns besser zu als die meisten unserer Mitmenschen.

*

Partnerschaft

Gegensätze ziehen sich an und bringen im Alltag Probleme

Die Partnerschaft ist ein großes Thema für die meisten Menschen. Es gab Zeiten, in denen der Mensch den Partner nicht frei wählen konnte, und auch heute hat es manchmal den Anschein, als wählten sich die Menschen den Partner eher unter einem fremden Zwang als nach den eigenen Bedürfnissen.

Wie wir wissen, ist dieser Gedanke gar nicht so abwegig, denn schon in der Kindheit wird unsere Partnerwahl durch unser Umfeld geprägt. Unser Verhältnis zu Vater und Mutter, auch zu den Geschwistern und anderen Bezugspersonen gibt uns gewisse Vorstellungen für den Idealpartner.

Dies steht häufig im Kontrast zu unseren eigenen Potenzialen und Bedürfnissen.

So geraten wir, besonders häufig in den ersten Partnerschaften, oft an einen Partner, von dem wir uns nach einer Zeit wieder trennen.

Genau genommen müssten wir uns, bevor wir uns für einen Partner entscheiden, erst einmal sicher sein, dass wir ein gesundes Verhältnis zu Vater und Mutter hatten, oder ob da noch einiges zu klären ist. Und inwieweit waren sie uns selbst falsche Vorbilder in der eigenen Ehe? Welches Fehlverhalten haben uns die Eltern in ihrer Partnerschaft demonstriert?

Wenn wir mit unserer Kindheit und den Jugendjahren „im Reinen" sind, alles verstanden und verarbeitet haben, dann haben wir auch die Möglichkeit, einen passenden Partner zu finden.

Doch wer passt zu uns?

Über die Liebe und die Partnerschaft gibt es auch unzählige Bücher. Inzwischen hat man auch herausgefunden, dass in der zwischenmenschlichen Beziehung, die Chemie eine große Rolle spielt. Wer kann sich riechen? Was sagen die Hormone?

Inzwischen ist es auch überall bekannt, dass Liebe und Sex nicht zwangsweise miteinander verbunden sein müssen. Und doch wünschen sich das die meisten Menschen: Ein Leben mit einem Partner, mit dem man sich gemeinsam alle Wünsche der Partnerschaft erfüllen kann

.

Hier finden wir wieder zurück zu den Potenzialen und den Menschentypen.

Sehr häufig verlieben wir uns in einen Menschen, der ganz anders ist als wir selbst.

Das Andere hat eine enorme Anziehungskraft und weckt einige Emotionen in uns.

Unbewusst bewundern wir den andern Menschen, das, was wir selbst nicht sind, das Potenzial, das wir selbst nicht besitzen. Die Anziehungskraft der Unterschiede ist die Stärkste überhaupt.

Aus ihr wachsen die ganz großen Liebesgeschichten, aber auch die dramatischen.

Wie beim Pol eines Magneten zieht es uns heftig zu dem Partner hin, der so anders ist, als wir selbst. Spannende Erlebnisse in der Partnerschaft können den Zauber erhöhen. Diese emotionalen Partnerschaften sind jedoch im Alltag, bei dem es häufig um gleiche Erlebnisse und Erfahrungen geht, relativ hoch gefährdet.

Die unterschiedlichen Bedürfnisse der unterschiedlichen Potenziale führen zu Spannungen und unterschiedlicher Problembewältigung. Beide Partner reagieren unterschiedlich, je nach Potenzial und Gemütsstimmung. Und schon fühlt man sich allein gelassen und unverstanden. Daraus resultiert Enttäuschung, und der nächste Schritt ist häufig, dass man sich auch dadurch ungeliebt fühlt.

Nehmen wir als Beispiel einen Menschen vom Typ A, der viel Bewegung viel Sport und viele Erlebnisse braucht. Wenn sich dieser Mensch in einen Partner vom Typ D verliebt, einem introvertierten, kreativen aber ruhigen Menschen, so kann das sehr intensive Gefühle hervorrufen, gibt aber im Alltag große Probleme.

Der Partner A oder vom Typ AC möchte viel unterwegs sein, etwas mit anderen Menschen erleben, während der Partner vom Typ D möglicherweise sein Heim als Rückzugsort liebt und die Gemütlichkeit oder in fantasievoller Kreativität Rückzug in eine Geborgenheit sucht.

Die Partner werden wenige gemeinsame Stunden verbringen, einer der Beiden kann sich vernachlässigt fühlen. Sogar ein Auseinanderleben ist möglich.

Natürlich können wir uns von Partnern, die anders sind als wir, auch anregen und mitziehen lassen. Das funktioniert aber in der Regel nur eine gewisse Zeit lang, dann entdecken wir wieder unsere ureigenen, persönlichen Bedürfnisse. Tatsächlich beruhen die dauerhaften Partnerschaften eher auf gleicher Mentalität der Partner, ansonsten ist eine sehr hohe Toleranz und Akzeptanz notwendig, um eine Fortdauer der Partnerschaft zu garantieren. Ausnahmen sind Partnerschaften, in denen Partner ein sehr gutes Selbstbewusstsein haben und viel gesunden Stress vertragen können. Eine Bereitschaft zum individuellen Wachstum der Persönlichkeit ist Vorraussetzung.

*

Welchen Partner liebe ich?

Liebe kann uns treffen wie ein Blitz, das hört man aus Romanen, und vielleicht hat es uns auch selbst schon einmal so plötzlich aus heiterem Himmel getroffen. Man sieht eine fremde Person, schaut ihr in die Augen und hat das Gefühl, etwas ganz Besonderes zu erleben.

Von dem Augenblick an sind wir fasziniert, fühlen uns wie zu einem neuen Leben erwacht und denken Tag und Nacht nur noch an diesen einen Menschen.

Die Worte **Lieben** und **Leben** liegen nah beieinander, sind sich ähnlich, und man meint, dass man nur wirklich lebt, wenn man intensiv liebt.

Liebe kann wachsen, auch aus einer Sympathie heraus, auch das gibt es, und es wird uns viel erzählt aus den vergangenen Zeiten, als die Partner noch nicht die Freiheit hatten, sich selbst zu wählen, sondern die Paarwahl von Verwandten bestimmt und die Partner vermählt wurden. Mit der Zeit versteht man sich möglicherweise immer besser, gewöhnt sich aneinander, lernt sich schätzen und tolerieren.

Und Beides nennt man Liebe. Beides ist echt, beides sind echte Gefühle. Hängt das nun wieder mit den Mentalitäten, mit dem Temperament zusammen? Sind es die Menschen, die brennen, vom Typ A, die heiße Liebesgefühle empfinden und die vom ruhigen Typ B, die vielleicht aus einer liebevollen Sympathie ein dauerhaft starkes Band wachsen lassen?

Es gibt sehr viele unterschiedliche Formen von Liebe, immer wieder trifft man auf Menschen, die gerne anderen mit Worten ihrer Liebe bezeugen. Wir treffen auf Menschen, die anderen gerne etwas schenken. Wir treffen auf Menschen, die gern andere umsorgen, die einen Partner verwöhnen möchten mit Worten und Taten, wenn sie ihn lieben.

Manche Menschen lieben mit und in der eigenen Vorstellungskraft, sehen nur bestimmte Teile und Eigenschaften des Partners, die sie glorifizieren. Auch diese Form der Liebe kann einem Partner etwas geben, denn der Geliebte fühlt sich beachtet und geehrt.

Es gibt unzählige Formen von Liebe, von der platonischen bis zur krankhaften Selbstaufgabe und Abhängigkeit.

Richtig und gut ist sie, wenn der Liebende damit zufrieden ist und sie ihm auf ihre Art und Weise Kraft gibt, sei es nun in einer platonischen Liebe mit einer Muse oder in einer realen gelebten Partnerschaft, in einer Zweierbeziehung im Alltag.

Liebe, als Gefühl des Liebenden darf keine Kraft kosten, sondern sollte das Lebensgefühl unterstützen.

Natürlich gibt es in jeder Partnerschaft Probleme, die auch noch dafür notwendig sind, dass die Partnerschaft wächst, die Partner sich entwickeln. Wichtig ist es, dass beide Partner zu einer Problemlösung beitragen wollen. Auch Krisen sind durchaus üblich und häufig wichtig.

Voraussetzung für ein weiteres gutes Zusammenleben ist, dass man nach Krisen, wie nach einem Hausputz, eine Partnerschaft immer wieder neu ohne Ressentiments wieder von vorn beginnt. Ein Nachtragen alter Fehler kann verhängnisvoll sein!

Alter Müll gehört nicht in einen Neuanfang!

LIEBE

Das Echo, das ein anderer Mensch im Gefühlsbereich bei dir hervorruft, ist der Impuls für eine Vielzahl von Gefühlen. Sei es nun durch ein Spiegelbild oder Ergänzung, es kann der Beginn einer großen Liebe sein.

*

Welchen Partner brauche ich?

Hier geht es nun wieder um unsere Bedürfnisse und unsere Potenziale. Wenn wir uns selbst erkannt haben und wissen, wie viel Ruhe und Strukturen, wie viel Aktivität und Antriebskräfte wir haben, wie viel Kommunikation und Zuwendungsbedürfnis wir brauchen, wie viel Sensibilität und Kreativität wir besitzen, versuchen wir, uns selbst mit der Erfüllung unserer Bedürfnisse eine Zufriedenheit für unser Leben zu geben, sodass wir für die alltäglichen Probleme des Lebens gewappnet sind.

Haben wir diese eigene Zufriedenheit erreicht, können wir herausfinden, mit welchem Partner wir unser Leben teilen möchten.

Dabei ist es eben auch zuerst wichtig herauszufinden, ob man den Partner der Ergänzung sucht, einen Partner, der zum Beispiel den passiven Menschentyp schon einmal mitzieht in die Aktivität. Oder im anderen Fall findet man vielleicht den Partner, der den passiven Part, der versteckt in einem selbst wohnt, für einen übernimmt:

Der Partner spielt dann den Teil von mir, der mir weniger liegt, den ich selbst nicht leben will. Dann suche ich die Partnerschaft der Gegensätze, die belebend sein kann, aber auch die Gefahr birgt, mit einigem Stress der Unterschiedlichkeiten im Alltag aufzuwarten.

(Dieses Phänomen des Teilens der Potienziale wird oft deutlich bei Witwen und Witwern, an denen man häufig nach dem

Tod des Partners völlig „neue" Eigenschaften erkennt. Der Überlebende muss sich nun mit all seinen Eigenarten selbst „spielen".)

Menschen, die sich mehr nach Ruhe und einer friedlichen Geborgenheit oder festen Strukturen suchen, können ihre Augen und ihr Herz öffnen für den Partner mit ähnlichen Potenzialen, damit der Gleichklang gewährleistet ist.

Und obgleich es einige Menschen immer noch für lächerlich halten, so ist es doch noch immer eine gute Übung, wenn man seine Wünsche auf den Punkt bringt.

Ich schreibe einen Wunschzettel

Auf diesem Zettel notiere ich alles, was ich mir von einem Partner wünsche. Ich schreibe alle Eigenschaften auf, die mir bei einem Partner wichtig sind.

Dazu füge ich eine Liste der Eigenschaften, die ich an einem Partner unerträglich finde. Ich notiere Eigenschaften, die mir an einem Partner nicht gefallen.

Natürlich kann ich mir darüber auch noch weitere Gedanken machen, die hilfreich sein können. Ich kann mich hinterfragen, warum ich diese oder jene Eigenschaft bei einem Partner nicht mag. Mag ich dieses Potenzial nicht, weil es mich an der Erfüllung meiner eigenen Bedürfnisse hindert? Habe ich vielleicht schon einmal mit solch einem Partner zusammengelebt, der mich auf diese Art und Weise enttäuscht hat? Oder kenne ich diese Eigenschaft von irgendeiner Person, die in meiner Kindheit wichtig war? Vater? Mutter? Geschwisterkind oder Großelternteil?

Wer hat mich schon einmal mit einer ähnlichen Eigenschaft enttäuscht?

Rückführende Fragen in die Vergangenheit können stets hilfreich sein, meine Vorlieben oder ablehnenden Haltungen zu begründen.

Wenn ich diesen Wunschzettel angefertigt habe,

kann ich ihn mir von Zeit zu Zeit ansehen und überprüfen,

ob ich etwas vergessen oder hinzuzufügen habe.

Ich prüfe ebenfalls, ob meine Wünsche konstant bleiben.

Sobald ich merke, dass mein Wunschzettel für mich maßgeschneidert ist,
beginne ich mit der Verinnerlichung dieses Wunschbildes.
Ich beginne mit einer Visualisierung und stelle mir diesen Partner vor meinen inneren Augen vor.
Es gibt auch sehr fantasievolle Menschentypen, die sich auch ein Treffen mit dem Idealpartner vorstellen können und mit dieser Erwartungshaltung einen entsprechenden Partner gewissermaßen angezogen, erkannt haben.
Bereits in der kriminalpolizeilichen Arbeit, sind Opfer und Täterprofile bekannt. Es gibt Menschen mit einer grundlegenden

Erwartungshaltung. Dies kann man nun auch auf das Kennenlernen für die Partnerschaft übertragen.

Mit der Erwartungshaltung an den passenden Partner kann man den passenden Partner schneller erkennen und wird auch schneller erkannt.

Ein weiteres Beispiel dafür zeigt sich im Bereich der Manager-Ausbildung: **So wie du auftrittst, wirst du auch empfangen!**

Dieser Grundsatz ist auch für die Partnerschaftssuche relevant.

Je nach Typ kann man also bewusst auf eine Partnerschaft hin arbeiten,

oder aber auch davon überzeugt sein, dass das Schicksal seine eigenen Überraschungen für einen bereithält.

Wichtig ist, sich mit einer positiven Gelassenheit auf den einen oder anderen Weg vorzubereiten.

Auf dem Weg zur Sinnfindung

Jeder Mensch sucht im Leben ein bisschen Glück mit ganz eigenen und individuellen Wünschen.

Für den einen ist es Sicherheit und Geld oder Reichtum, für den anderen Gesundheit, für den dritten eine Erfüllung im Beruf, für einen vierten eine glückliche Partnerschaft, für den nächsten eine harmonische Familie, für einen anderen das Häuschen mit Garten, ein besonderes Auto, Urlaube und Reisen in die Ferne und vor allen Dingen Selbstbestätigung.

Hier ist nun jeder individuell gefordert und sollte herausfinden, ob er wirklich dem eigenen Glück hinterherjagt oder irgendeiner Idee. Ob er ein Traumbild hat, das ihm von seinen Mitmenschen in irgendeiner Form aufgedrängt und eingeprägt wurde, oder wirklich sein eigenes Glück sucht.

Auch hier ist es am besten, auszuprobieren und mit offenen Sinnen zu beobachten und zu fühlen, was einem selbst zu glücklichen Momenten, zu Harmonie und Ausgeglichenheit verhilft.

Wir alle kennen Glücksmomente, Augenblicke, in denen wir hoffen, dass die Zeit stehen bleibt, dieser Moment niemals vorübergeht.

Ansonsten sind sich die Menschen in der Regel recht einig, dass es hier auf der Erde und in diesem Leben kein dauerhaftes „Glück" gibt.

Zufriedenheit und Gelassenheit, Ausgeglichenheit und Optimismus, diese

Stimmungen können sich jedoch auch über einen längeren Zeitraum erhalten lassen.

Eine relative Zufriedenheit kann man erlangen, wenn man sich täglich vor Augen hält, was es Positives gerade zurzeit im eigenen Leben gibt.

Beispiele: Ist man gesund? Lebt man in einem friedlichen Land? Hat man genug Geld, um zu überleben? Gibt es Personen, mit denen man sich austauschen kann? Hat man einen Beruf? Hat man Freunde? Hat man einen Partner? Hat man ein Haustier? Hat man ein Hobby?

Wir alle wissen, dass man hier auf der Erde und in diesem Leben niemals alles haben kann, und es hilft schon, wenn man sich vor Augen führt, welche von diesen Fragen man sich hier mit einem Ja beantworten kann.

Es hilft, wenn man dabei vergleicht, wie viele Menschen es gibt, die nichts von alledem besitzen, die zum Beispiel hungern oder in Krisengebieten leben.

Wenn wir uns an alle Menschen erinnern, denen es nicht gut geht, relativieren sich oft unsere eigenen sehr groß gesehenen Probleme.

Wenn wir uns diese Gedanken öfters machen, können wir entdecken, dass wir mehr haben, als es uns immer bewusst ist.

Das Glücklichsein hängt also auch von unserer Erwartungshaltung ab.

Wenn wir darunter verstehen, dass alles immer bestens läuft, werden wir auch immer dem Glück hinterherlaufen müssen.

Wenn wir aber lernen, das Positive zu sehen, dass gerade in unserem Leben existiert, können wir auch eine Zufriedenheit erlangen, ohne alles zu besitzen, ohne die Erfüllung aller unserer Wünsche.

Dennoch können wir aber lernen, auf eine Wunscherfüllung zu hoffen. Hierbei haben wir die Möglichkeit uns beim Beten im Glauben helfen zu lassen.

Wir können aber auch versuchen unsere eigenen göttlichen Kräfte in uns zu kultivieren, unser positives Denken erhöhen und Pläne schmieden, wie unsere Wünsche erfüllbar werden.

Doch zuerst sollten wir lernen, **die kleinen Dinge des Glücks** zu sehen, zu erkennen und zu fühlen.

In der Regel finden wir sie im Bereich der **Natur**, zum Beispiel in der Betrachtung einer **Landschaft, einer Blume, eines Tautropfens, eines Schmetterlings, einer Wolke oder eines Sonnenaufgangs**.

Nicht selten vermag es auch ein **Tier**, eine Katze zum Beispiel, oder ein Hund, uns Glücksgefühle zu vermitteln.

Alle unsere Sinne sind dafür bereit, wir müssen nur lernen, sie zu öffnen.

Dafür brauchen wir **etwas Zeit**, Zeit die wir oft nicht zu haben glauben, aber manchmal auch reichlich verschwenden für unwichtige Dinge.

Zuerst müssen wir lernen, uns Zeit zu nehmen, um uns für Glück öffnen zu können und um uns zu testen.

Auch **Düfte** können uns Glücksgefühle vermitteln, und **die Musik** kann in unserer Seele wahre Wunder bewirken. Sie hat die

Kraft und die Schwingung sowohl unsere Seele, als auch unsere Herzen zu berühren.

Töne und Klänge erreichen nicht nur unsere Ohren, sondern dringen tief in uns und haben die Möglichkeit, uns auf verschiedene Arten zu berühren, uns zu bewegen und unsere Seele zu heilen.

*

Auch ein Gespräch mit Gott oder eine Begegnung mit einem Engel können uns glücklich machen.

*

Ganz besonders finden wir das
kleine Glücksgefühl auch in den
zwischenmenschlichen
Beziehungen, zum Beispiel in der
Umarmung eines Freundes,
in einem lieben Wort
oder in einem Lächeln.

*